CEL MAI BUN SALATE DE TON

Ridică-ți gusturile cu 100 de creații excepționale de salată de ton

Cosmin Matei

Material cu drepturi de autor ©2024

Toate drepturile rezervate

Nicio parte a acestei cărți nu poate fi utilizată sau transmisă sub nicio formă sau prin orice mijloc fără acordul scris corespunzător al editorului și al proprietarului drepturilor de autor, cu excepția citatelor scurte utilizate într-o recenzie. Această carte nu trebuie considerată un substitut pentru sfaturi medicale, juridice sau alte sfaturi profesionale.

CUPRINS

CUPRINS 3
INTRODUCERE 6
MUCĂTURI DE SALATĂ DE TON ȘI SANDWICHE-URI 7
   1. Sandviș cu salată de roșii uscate și ton 8
   2. Salată de ton pe biscuiți 10
   3. Sandvișuri cu salată de ton cu castraveți 12
   4. Salată de ton cu avocado în buzunare Mini Pita ... 15
   5. Salată de ton Salată verde Wraps 17
   6. Salată de ton cu năut afumat 19
   7. Are gust de sandvișuri cu salată de ton 21
   8. Barci cu salata de ton 23
   9. Sandviș cu salată de ton și măsline 25
   10. Salată de scoici de mare cu ton 27
SALATIERE TON 29
   11. Bol pentru sushi cu ton cu mango 30
   12. Kaisen (Sashimi proaspăt pe un bol de orez) 32
   13. Bol pentru sushi cu ton cu avocado 34
   14. Bol pentru sushi cu ton picant 36
   15. Bol de sushi cu ton picant deconstruit 38
   16. Bol pentru sushi cu ton copt S 40
   17. Bol de sushi picant cu ton și ridichi 42
   18. Bol pentru sushi cu ton și pepene verde 44
SALATE DE TON AHI 46
   19. Salata de ton Ahi 47
   20. Salată Ahi Ton Tataki Cu Sos De Lămâie Wasabi ... 49
   21. Salată de ton cu straturi încântătoare 51
SALATA DE TON ALEST 53
   22. Salată Niçoise de ton roșu prăjit 54
   23. Ton roșu cu măsline și gust de coriandru 56
   24. Salată mediteraneană de ton roșu 58
SALATA DE FRUPTURA DE TON 60
   25. Salată Nicoise deconstruită 61
   26. Salată De Ton și Fasole Albă 63
   27. Salată de ton cu Tarhon la grătar 66
   28. Salata Nicoise de Ton la Gratar 68
   29. Salată verde și salată de ton la grătar 70
   30. Fripturi de ton cu piper cu salată în stil coreean ... 72
   31. Salată de ton proaspăt prăjit 74
SALATE DE TON ALBACORE CONSERVE 77
   32. Salată de ananas cu banane albacore 78

33. Salată de paste albacore 80
34. Salată cu tăiței cu ton 82
35. Salată de ton Chow Mein 84
36. Mostaccioli Salata Nicoise 86
37. Salată cu tăiței și ton cu piment 88
38. Salată de ton bici 90
39. Salata de ton macaroane 92
40. Naked Snow Pea Ton Salata 94
41. Salata Neptun 96
42. Salată cremoasă de ton cu ardei gras și roșii 98
43. Salata de ton Olio Di Oliva 100
44. Salata Tortellini de Ton 102
45. Salată de ton pește 104

ALTE SALATE DE TON CONSERVE 106

46. Salată de roșii uscate și ton 107
47. Salată italiană de ton 109
48. Salată cu ton asiatic 111
49. Salata romana de ton 113
50. Aperitiv cu conținut scăzut de carbohidrați Salată de ton 115
51. Preparare pentru salată de ton 117
52. Salată de kiwi și ton 119
53. Salată de ton antipasto 121
54. Salată de ton cu anghinare și măsline coapte 123
55. Salata de ton macaroane Ring 125
56. Salata De Avocado Cu Ton 127
57. Salată de ton cu orez din Barcelona 129
58. Salată rece de paste cu ton cu papion Mac 131
59. Salată de ton cu fasole neagră 133
60. Salată De Orez Brun și Ton 135
61. Salată de ton cu naut 137
62. Salata Tocata Cu Ton 139
63. Salata Clasica Nicoza cu Ton 141
64. Cuscus Salata De Naut Si Ton 143
65. Salată de ton, ananas și mandarină 145
66. Salată de ton proaspăt și măsline 147
67. Salată De Ton Avocado și Ciuperci De Mango 149
68. Salata Greaca De Sfecla Si Cartofi 151
69. Salată de ton în stil grecesc 153
70. Salată de macaroane în stil hawaian 155
71. Salată sănătoasă de ton cu broccoli 157
72. Salată mixtă de fasole și ton 159
73. Bol italian de salată antipasto 161
74. Salată japoneză Harusum de ton 163
75. Salată nicoză de ton și hamsii 165

76. Resturi de salată Mac la prânz cu ton 167
77. Salată cu ou fiert și ton 169
78. Salată antipasto cu ton mediteranean 171
79. Salată de ton mediteranean 173
80. Salată nicoise încărcată 175
81. Salată de ton cu mere, afine și ou 177
82. Salată De Paste Cu Ton și Roșii La grătar 179
83. Salată Penne cu trei ierburi, capere și ton 182
84. Salată de fasole, orez brun și ton 184
85. Salata De Cartofi Cu Ton 186
86. Salată de ton de modă veche 188
87. Salată de orez risotto cu anghinare, mazăre și ton 190
88. Salată de ton dulce cu nuci 192
89. Salată de ton Mac 194
90. Salată de ton Tangy N Tart 196
91. Salată italiană cu ton cu conținut scăzut de grăsimi 198
92. Salată de Ton spanac 200
93. Salată de paste cu ton și ardei 202
94. Salată de ton și mere 204
95. Salată de paste cu ton, avocado și 4 fasole 206
96. Salată de Ton Orzo 208
97. Salată De Ton, Roșii și Avocado 210
98. Salată Waldorf de ton cu mere 212
99. Salată De Ton și Naut Cu Pesto 214
100. Salata de Ton Ziti 216

CONCLUZIE 218

INTRODUCERE

Bine ați venit la „CEL MAI BUN SALATE DE TON", o compilație de 100 de creații excepționale concepute pentru a vă ridica gusturile și a redefini salata clasică de ton. Această carte de bucate este ghidul tău pentru a explora versatilitatea, aromele și creativitatea care pot fi infuzate în acest fel de mâncare îndrăgit. Alăturați-vă nouă într-o călătorie culinară care depășește obișnuitul, transformând salata de ton într-o experiență extraordinară și încântătoare.

Imaginați-vă o lume în care salata de ton devine o pânză pentru arta culinară, cu o gamă variată de ingrediente, texturi și arome la dispoziție. „CEL MAI BUN SALATE DE TON" nu este doar o colecție de rețete; este o explorare a posibilităților care apar atunci când combini ton de înaltă calitate cu ingrediente inovatoare. Indiferent dacă sunteți un pasionat de salată de ton sau cineva care dorește să reimagina acest fel de mâncare clasic, aceste rețete sunt create pentru a inspira creativitatea și pentru a vă satisface poftele culinare.

De la răsuciri mediteraneene pline de gust până la delicii de inspirație asiatică și de la boluri bogate în proteine până la senzații răcoritoare de vară, fiecare rețetă este o sărbătoare a diverselor moduri în care salata de ton poate fi reinventată. Fie că plănuiești un prânz ușor, o cină vibrantă sau pur și simplu cauți o gustare satisfăcătoare, această carte de bucate este resursa ta de bază pentru a duce salata de ton la noi culmi.

Alăturați-vă nouă în timp ce redefinim limitele salatei de ton, unde fiecare creație este o dovadă a posibilităților nesfârșite și a combinațiilor delicioase care vă așteaptă în bucătărie. Deci, adunați-vă proaspătul
ingrediente, îmbrățișează-ți creativitatea și haideți să pornim într-o aventură culinară prin „CEL MAI BUN SALATE DE TON".

MUCĂTURI DE SALATĂ DE TON ȘI SANDWICHE-uri

1. Sandviș cu salată de roșii uscate și ton

INGREDIENTE:
- 2 felii de pâine
- 1 conserva de ton, scurs
- 2 linguri rosii uscate la soare tocate
- 1 lingura maioneza
- 1 lingură muștar de Dijon
- Sare si piper dupa gust

INSTRUCȚIUNI:
a) Amestecați tonul, maioneza, muștarul de Dijon, sare și piper într-un castron mic.
b) Adăugați roșii uscate la soare deasupra unei felii de pâine.
c) Întindeți amestecul de ton peste roșiile uscate la soare.
d) Acoperiți cu a doua felie de pâine.

2.Salată de ton pe biscuiți

INGREDIENTE:
- Ton de 7 uncii
- 3 linguri ulei de canola
- ¼ cană castane de apă, tocate
- 1 1/2 lingurita ceapa rosie, tocata marunt
- 1/2 lingurita piper lamaie
- 1/4 linguriță iarbă de mărar uscată
- 16 biscuiți
- 2 frunze de salata verde, rupte
- Mărar proaspăt, pentru garnitură

INSTRUCȚIUNI:
a) Pune tonul într-un castron și pasează-l până la bucăți de dimensiunea dorită.
b) Adăugați maioneza, castanele, ceapa, ardeiul de lămâie și buruiana de mărar și amestecați până se omogenizează.
c) Așezați o bucată de salată verde ruptă deasupra fiecărui biscuit și apoi acoperiți cu 1 lingură de salată de ton.
d) Decorați cu o bucată de iarbă proaspătă de mărar, dacă doriți. Servi.

3.Sandvișuri cu salată de ton cu castraveți

INGREDIENTE:
- 2 castraveți englezi lungi
- 1 lingura de otet de vin rosu
- 1/4 de iaurt simplu
- 1/4 de mărar tocat
- 1/4 de frunze de telina
- 1 lingura ulei de masline extravirgin
- Sare cușer
- Piper negru proaspăt măcinat
- 2 cepți tăiați felii
- 2 linguri de maioneza
- 1 tulpină de tulpină de țelină feliată
- 1/2 lingurita de coaja de lamaie
- 2 cutii de 5 uncii de ton ușor, scurs
- 1/2 cană de muguri de lucernă

INSTRUCȚIUNI:

a) Pregătiți castraveții. Aveți două variante pentru prepararea castraveților, care vor fi folosiți în locul pâinii pentru acest sandviș cu ton. Dacă faceți sandvișuri pentru aperitiv, ar trebui pur și simplu să curățați și apoi să tăiați castraveții pe orizontală, în felii de un sfert de inch. Această opțiune vă va oferi un număr mai mare de sandvișuri cu ton mai mici. Alternativ, dacă doriți să faceți un sandviș cu ton sub stil, puteți înjumătăți castraveții pe lungime. Apoi, scoateți semințele și carnea pentru a face bărci mici, unde veți pune amestecul de ton. Înțepați puțin interiorul cu o furculiță, astfel încât castraveții să absoarbă mai multă aromă.

b) Amestecați vinaigreta. Într-un castron de mărime medie, amestecați muștarul, oțetul, sarea și piperul negru. Apoi, amestecați încet uleiul de măsline. La final, turnați vinegreta pe castraveți.

c) Faceți umplutura de ton. Începeți prin a scurge tonul. Clătiți-l bine cu apă rece, apoi lăsați-l deoparte. Într-un castron mic, bateți maioneza, iaurtul, mărarul, frunzele de țelină, ceapa, țelina, coaja de lămâie, un sfert de linguriță de sare și un praf de piper negru. Se aruncă tonul în bol și apoi se amestecă pentru a combina toate ingredientele.

d) Pune sandvișurile împreună. Dacă faceți varianta pentru aperitiv, puneți o cupă de amestec de ton și apoi câțiva muguri deasupra fiecărei felii de castraveți.

e) Apoi, adăugați o altă felie deasupra pentru un sandviș drăguț.

f) Dacă faceți sandvișul cu ton sub stil, umpleți bărcile de castraveți cu amestecul de ton și apoi adăugați mugurii. Adăugați cealaltă jumătate de castraveți deasupra. Mănâncă și bucură-te!

4.Salată de ton cu avocado în buzunare Mini Pita

INGREDIENTE:
- 1 conserve de ton, scurs
- 1 avocado copt, pasat
- ¼ cană țelină tăiată cubulețe
- ¼ cană ceapă roșie tăiată cubulețe
- 1 lingura suc de lamaie
- Sare si piper dupa gust
- Mini buzunare pentru pita

INSTRUCȚIUNI:
a) Într-un castron, combinați tonul, piureul de avocado, țelina tăiată cubulețe, ceapa roșie tăiată cubulețe, sucul de lămâie, sare și piper.
b) Se amestecă bine până când toate ingredientele sunt incorporate uniform.
c) Tăiați buzunarele mini pita în jumătate pentru a crea buzunare.
d) Îndesați salata de ton cu avocado în buzunarele de mini pita.
e) Ambalați salata de ton cu avocado în mini buzunare de pita într-o cutie de prânz.

5.Salată de ton Salată verde Wraps

INGREDIENTE:
- 2 conserve de ton, scurse
- ¼ de cană de maioneză paleo-friendly
- 2 linguri telina tocata
- 2 linguri ceapa rosie tocata
- 2 lingurițe de muștar de Dijon
- Sare si piper, dupa gust
- Frunze mari de salată verde (de exemplu, iceberg sau Romaine)

INSTRUCȚIUNI:
a) Într-un castron, combinați tonul scurs, maioneza paleo-friendly, țelina tocată, ceapa roșie tocată și muștarul de Dijon.
b) Se amestecă bine și se condimentează cu sare și piper după gust.
c) Așezați frunzele de salată ca învelișuri.
d) Umpleți fiecare frunză cu amestecul de salată de ton.
e) Rulați frunzele de salată verde pentru a vă crea împachetările.

6.Salată de ton cu năut afumat

INGREDIENTE:
TON DE NAUT:
- 15 oz. de năut fiert conservat sau altfel
- 2-3 linguri de iaurt simplu fără lapte sau maia vegană
- 2 lingurițe de muștar de Dijon
- 1/2 linguriță de chimen măcinat
- 1/2 lingurita boia afumata
- 1 lingurita suc proaspat de lamaie
- 1 tulpină de țelină tăiată cubulețe
- 2 cepți tăiați
- Sare de mare dupa gust

ASSEMBLARE SANDWICH:
- 4 bucăți de pâine de secară sau pâine de grâu încolțit
- 1 cană spanac pentru sugari
- 1 avocado feliat sau cubulete
- Sare + piper

INSTRUCȚIUNI:
a) Pregătiți salata de ton cu năut

b) Într-un robot de bucătărie, presează năutul până seamănă cu o textură grosieră, sfărâmicioasă. Puneți năutul într-un bol de mărime medie și includeți restul ingredientelor active, amestecând până se combină bine. Asezonați cu multă sare de mare după propriul gust.

c) Fă-ți sandvișul

d) Așezați puiul de spanac pe fiecare felie de pâine; adăugați câteva grămezi de salată de ton cu năut, întinzându-se uniform. Acoperiți cu felii de avocado, câteva boabe de sare de mare și piper proaspăt măcinat.

7.Are gust de sandvișuri cu salată de ton

INGREDIENTE:
- 1 1/2 cani fierte sau 1 cutie (15,5 uncii) de năut, scurs și clătit
- 2 coaste de telina, tocate
- 1/4 cană ceapă tocată
- 1 lingurita capere, scurse si tocate
- 1 cană maioneză vegană
- 2 lingurițe suc proaspăt de lămâie
- 1 lingurita mustar de Dijon
- 1 linguriță pudră de varec
- 4 frunze de salata verde
- 4 felii de roșii coapte
- Sare si piper
- Pâine

INSTRUCȚIUNI:

a) Într-un castron mediu, zdrobiți grosier năutul. Adăugați țelina, ceapa, caperele, 1/2 cană de maioneză, sucul de lămâie, muștarul și pudra de varec. Se condimenteaza cu sare si piper dupa gust. Se amestecă până se combină bine. Acoperiți și lăsați la frigider cel puțin 30 de minute pentru a permite aromelor să se amestece.

b) Când este gata de servire, întindeți 1/4 cană de maioneză rămasă pe o parte a fiecărei felii de pâine. Așezați salată verde și roșii pe 4 felii de pâine și împărțiți uniform amestecul de năut între ele. Acoperiți fiecare sandviș cu felia rămasă de pâine, cu maioneza în jos, tăiați în jumătate și serviți.

8.Barci cu salata de ton

INGREDIENTE:
- 6 murături întregi de mărar pentru bebeluși sau 2 murături mari întregi
- 5 oz. ton alb bucată
- ¼ cană maioneză
- ¼ cană ceapă roșie tăiată cubulețe
- 1 lingurita zahar sau miere

INSTRUCȚIUNI:
a) Tăiați murăturile întregi în jumătate de la un capăt la altul, pe lungime. Folosind o lingură sau un cuțit de toaletă, tăiați sau răzuiți interiorul fiecărei părți a murăturilor pentru a crea o formă de barcă cu pielea rămasă a murăturilor.
b) Tăiați interiorul răzuit și puneți-le într-un bol de amestecare. Folosind un prosop de hârtie, absorbiți orice suc suplimentar de la bărcile murate și tăiați bucățile din interior.
c) Scurgeți bine tonul și adăugați-l în bol. Apăsați cu o furculiță pentru a tăia bucăți mari. Adăugați maioneza, ceapa roșie, murătura tocată și zahărul sau mierea (opțional) și amestecați bine pentru a forma salata de ton.
d) Pune salata de ton în fiecare barcă cu murături. Răciți și serviți sau serviți imediat.

9. Sandviș cu salată de ton și măsline

INGREDIENTE:
PENTRU SALATA DE TON:
- 1/4 cană maioneză
- 2 linguri suc proaspăt de lămâie
- 2 conserve (6 oz) de ton ușor, ambalate în ulei de măsline, scurse
- 1/2 cană de ardei roșii prăjiți, scurși, tăiați
- 10 Kalamata sau alte măsline negre curate cu saramură, fără sâmburi și tăiate pe lungime fâșii
- 1 coastă mare de țelină, tocată
- 2 linguri ceapa rosie tocata marunt
- Ardei pepperoncini (scurși și tocați grosier) - opțional

PENTRU SANDWICH:
- 1 baghetă (20-24 inch).
- 2 linguri ulei de masline
- Salata verde (preferata)

INSTRUCȚIUNI:
FACEȚI SALATA DE TON:
a) Se amestecă maioneza și sucul de lămâie într-un castron mare.
b) Adăugați ingredientele rămase pentru salată și amestecați ușor. Se condimentează cu sare și piper.

ASSAMLAȚI SANDWICHURI:
c) Tăiați bagheta în 4 lungimi egale și înjumătățiți fiecare bucată pe orizontală.
d) Ungeți părțile tăiate cu ulei și asezonați cu sare și piper.
e) Faceți sandvișuri cu baghetă, salată verde și salată de ton.

10. Salată de scoici de mare cu ton

INGREDIENTE:
- 8 uncii macaroane cu coajă, nefierte
- 1 cană morcov mărunțit
- 3/4 cană ardei verde tăiat cubulețe
- 2/3 cană țelină feliată
- 1/2 cană ceapă verde tocată
- 1 6 1/8 uncie cutie de ton în apă, scurs și fulgi
- 1/4 cană plus 2 linguri de iaurt simplu cu conținut scăzut de grăsimi
- 1/4 cană maioneză cu conținut scăzut de calorii
- 1/4 linguriță de semințe de țelină
- 1/4 lingurita sare
- 1/4 lingurita piper
- Salata verde cu frunze crete

INSTRUCȚIUNI:
a) Gătiți macaroanele conform instrucțiunilor de pe ambalaj, omițând sarea și grăsimea; scurgere. Clătiți cu apă rece și scurgeți bine.
b) Combinați macaroanele, morcovul și următoarele 4 ingrediente; arunca usor.
c) Combinați iaurtul și următoarele 4 ingrediente; amesteca bine. Adăugați amestecul de paste, amestecând ușor. Acoperiți și răciți bine.
d) Pentru a servi, puneți amestecul de paste pe farfurii de salată căptușite cu salată.

SALATIERE TON

11.Bol pentru sushi cu ton cu mango

INGREDIENTE:
- 60 ml sos de soia (¼ cană + 2 linguri)
- 30 ml ulei vegetal (2 linguri)
- 15 ml ulei de susan (1 lingura)
- 30 ml miere (2 linguri)
- 15 ml Sambal Oelek (1 lingură, vezi nota)
- 2 lingurițe de ghimbir proaspăt ras (vezi nota)
- 3 ceai, feliați subțiri (părți albe și verzi)
- 454 de grame de ton ahi de calitate sushi (1 kilogram), tăiat în bucăți de ¼ sau ½ inch
- 2 căni de orez sushi, gătit conform instrucțiunilor de pe ambalaj (înlocuiți cu orice alt orez sau cereale)

TOPPINGURI OPTIONALE:
- Avocado feliat
- Castraveți tăiați felii
- Edamame
- Ghimbir murat
- Mango taiat cubulete
- Chipsuri de cartofi sau chipsuri wonton
- seminte de susan

INSTRUCȚIUNI:
a) Într-un castron mediu, amestecați sosul de soia, uleiul vegetal, uleiul de susan, mierea, Sambal Oelek, ghimbirul și ceaiul verde.
b) Adăugați tonul tăiat cubulețe în amestec și amestecați. Lăsați amestecul să se marineze la frigider pentru cel puțin 15 minute sau până la 1 oră.
c) Pentru a servi, puneți orezul sushi în boluri, acoperiți cu tonul marinat și adăugați toppingurile dorite.
d) Va fi un sos suplimentar pentru stropire peste toppinguri; serviți-l pe o parte.

12. Kaisen (Sashimi proaspăt pe un bol de orez)

INGREDIENTE:
- 800 g (5 căni) de orez pentru sushi condimentat

TOppinguri
- 240 g (8½ oz) somon de calitate sashimi
- 160 g (5½ oz) ton de calitate sashimi
- 100 g (3½ oz) biban de mare de calitate sashimi
- 100 g (3½ oz) creveți fierți (creveți)
- 4 ridichi roșii, mărunțite
- 4 frunze de shiso
- 40 g (1½ oz) icre de somon

A SERVI
- ghimbir murat
- pasta de wasabi
- sos de soia

INSTRUCȚIUNI:
a) Tăiați fileul de somon în 16 felii, iar tonul și bibanul de mare fiecare în 12 felii. Asigurați-vă că tăiați boabele pentru a vă asigura că peștele este fraged.
b) Pentru a servi, împărțiți orezul pentru sushi în patru boluri individuale și aplatizați suprafața orezului. Acoperiți cu somonul, tonul, bibanul și creveții (creveți), aranjați în felii suprapuse.
c) Se ornează cu ridichi roșii mărunțite, frunze de shiso și icre de somon.
d) Serviți cu ghimbir murat ca demachiant al palatului și wasabi și sos de soia după gust.

13.Bol pentru sushi cu ton cu avocado

INGREDIENTE:
- 1 avocado, decojit și sâmbure
- suc proaspat stors de 1 lime
- 800 g (5 căni) de orez brun pentru sushi condimentat
- 1 ceapă ceapă sau ceapă roșie, tocată mărunt și înmuiată în apă
- o mână de frunze de salată amestecate
- 2 linguri chipsuri de șalotă (opțional)

TON
- 1 lingura de usturoi ras
- 1 lingura de ghimbir ras
- 2 linguri ulei vegetal
- 500 g (1 lb 2 oz) fripturi de ton de calitate sashimi sare de mare și piper negru proaspăt măcinat

ÎMBRACȚIE
- 4 linguri otet de orez
- 4 linguri sos de soia usor
- 4 linguri mirin
- 4 lingurite ulei de susan prajit
- suc proaspat stors de 1 lime
- 1 lingurita zahar
- putina sare

INSTRUCȚIUNI:
a) Pentru a pregăti tonul, într-un castron mic amestecați usturoiul, ghimbirul și uleiul. Se întinde pe ambele părți ale fiecărei fripturi de ton, apoi se condimentează cu sare și piper.
b) Încingeți o tigaie la fierbinte și prăjiți fripturile de ton timp de 1 minut pe fiecare parte pentru rare.
c) Lăsați tonul să se răcească, apoi tăiați-l în cuburi de 2 cm (¾ in).
d) Pentru a face dressingul, combinați toate ingredientele.
e) Tăiați avocado în cuburi mari, apoi stoarceți sucul de lămâie pentru a preveni rumenirea pulpei.
f) Puneți orezul brun pentru sushi în boluri și acoperiți cu cuburi de ton, avocado, eșalotă sau ceapă roșie și frunze amestecate. Turnați dressingul deasupra chiar înainte de servire. Acoperiți cu chipsuri de eșalotă, dacă folosiți, pentru un plus de crocant.

14. Bol pentru sushi cu ton picant

INGREDIENTE:
PENTRU TON:
- 1/2 kilogram de ton de sushi, tăiat în cuburi de 1/2 inch
- 1/4 cană de ceai tăiat felii
- 2 linguri de sos de soia cu sodiu redus sau tamari fără gluten
- 1 lingurita ulei de susan
- 1/2 linguriță sriracha

PENTRU MAIA PICANT:
- 2 linguri de maioneza usoara
- 2 lingurite sos sriracha

PENTRU BOL:
- 1 cană de orez pentru sushi tradițional cu bob scurt sau orez alb pentru sushi
- 1 cană de castraveți, decojiți și tăiați cubulețe în cuburi de 1/2 inch
- 1/2 avocado Hass mediu (3 uncii), feliat
- 2 ceai, feliați pentru ornat
- 1 lingurita de seminte de susan negru
- Soia cu sodiu redus sau tamari fără gluten, pentru servire (opțional)
- Sriracha, pentru servire (opțional)

INSTRUCȚIUNI:

a) Într-un castron mic, combinați maioneza și sriracha, diluând cu puțină apă pentru a picura.

b) Într-un castron mediu, combinați tonul cu ceai verde, sosul de soia, uleiul de susan și sriracha. Aruncați ușor pentru a combina și lăsați deoparte în timp ce pregătiți bolurile.

c) În două boluri, așezați jumătate de orez, jumătate de ton, avocado, castraveți și ceai verde.

d) Stropiți cu maioneză picantă și presărați semințe de susan. Serviți cu sos de soia în plus, dacă doriți.

e) Bucurați-vă de aromele îndrăznețe și picante ale acestui delicios bol de sushi cu ton picant!

15. Bol de sushi cu ton picant deconstruit

INGREDIENTE:
- 1 cană de orez sushi, fiert
- 1/2 cană ton picant, tocat
- 1/4 cană fasole edamame, fiertă la abur
- 1/4 cană ridichi, feliate subțiri
- Maiaua Sriracha pentru burniță
- Felii de avocado pentru ornat
- Seminte de susan pentru topping

INSTRUCȚIUNI:
a) Răspândiți orezul sushi gătit într-un castron.
b) Pune deasupra tonul picant tocat, fasolea edamame la abur și ridichile feliate.
c) Stropiți maiaua Sriracha peste bol.
d) Se orneaza cu felii de avocado si se presara seminte de susan.
e) Bucurați-vă de castronul de sushi de ton picant deconstruit!

16.Bol pentru sushi cu ton copt s

INGREDIENTE:
PENTRU VASC
- 1 kilogram de ton prăjit Irresistibles și Tataki
- Orez sushi

PENTRU MARINADA
- ¼ cană ceapă dulce, tăiată subțire
- 1 ceapă, feliată pe bază de păr (aproximativ ¼ cană) plus mai mult pentru garnitură
- 2 catei de usturoi, tocati
- 2 lingurițe de semințe de susan negru, prăjite plus altele pentru ornat
- 2 lingurite de nuci caju (prajite si nesarate), tocate si prajite
- 1 ardei iute roșu tocat plus mai mult pentru ornat
- 3 linguri sos de soia
- 2 linguri ulei de susan
- 2 linguri otet de orez
- 1 lingurita suc de lamaie
- 1 lingura sriracha plus mai mult pentru servire
- ¼ linguriță sare de mare
- ½ linguriță fulgi de ardei roșu (opțional)

OPTIUNI EXTRA DE GARNITURA
- Castraveți tăiați felii
- Ridichi felii
- Varză feliată
- Fulgi de alge marine
- Avocado tocat
- Edamame

INSTRUCȚIUNI:
a) Combinați toate ingredientele pentru marinată într-un castron mare și adăugați feliile de ton prăjite și amestecați ușor pentru a se acoperi.
b) Acoperiți și lăsați la frigider pentru 10-30 de minute.
c) Scoateți din frigider și serviți peste un pat de orez alb împreună cu orice garnitură doriți și puțin sos iute/sriracha în lateral.

17.Bol de sushi picant cu ton și ridichi

INGREDIENTE:
- 1 kg de ton de sushi, tăiat cubulețe
- 2 linguri gochujang (pasta coreeana de ardei rosu)
- 1 lingura sos de soia
- 1 lingura ulei de susan
- 1 lingura otet de orez
- 1 cană ridiche daikon, tăiată julien
- 1 cană de mazăre snap, feliată
- 2 căni de orez tradițional pentru sushi, gătit
- Ceapa verde pentru ornat

INSTRUCȚIUNI:
a) Amestecați gochujang, sosul de soia, uleiul de susan și oțetul de orez pentru a face sosul picant.
b) Se amestecă tonul tăiat cubulețe în sosul picant și se dă la frigider pentru 30 de minute.
c) Asamblați boluri cu orez tradițional pentru sushi ca bază.
d) Acoperiți cu ton marinat, ridiche daikon tăiată julienne și mazăre snap feliată.
e) Se orneaza cu ceapa verde tocata si se serveste.

18. Bol pentru sushi cu ton și pepene verde

INGREDIENTE:
- 1 lb ton de sushi, cuburi
- 1/4 cană aminoacizi de nucă de cocos (sau sos de soia)
- 2 linguri suc de lamaie
- 1 lingura ulei de susan
- 2 căni de pepene verde, tăiat cubulețe
- 1 cană de castraveți, feliați
- 2 căni de orez tradițional pentru sushi, gătit
- Frunze de menta pentru decor

INSTRUCȚIUNI:
a) Amestecați aminoacizii de nucă de cocos, sucul de lămâie și uleiul de susan pentru marinadă.
b) Se aruncă tonul în marinată și se dă la frigider pentru 30 de minute.
c) Creați boluri cu orez Sushi tradițional gătit ca bază.
d) Acoperiți cu ton marinat, pepene verde tăiat cubulețe și castraveți tăiați felii.
e) Se ornează cu frunze de mentă proaspătă și se servește.

SALATE DE TON AHI

19. Salata de ton Ahi

INGREDIENTE:
- 1 friptură de ton ahi, 6 uncii
- 2 lingurițe pudră cu cinci condimente
- 1 lingurita condiment pentru gratar sau sare si piper grunjoasa
- Spray de gătit sau ulei vegetal
- 5 uncii de verdeață de salată pentru copii prespălată
- 2 ridichi, feliate
- 1/4 castravete european, feliat subțire
- 1/2 lingurita pasta de wasabi
- 1 lingura otet de orez
- 1 lingura sos de soia
- 3 linguri ulei de măsline virgin
- Sare și piper negru proaspăt măcinat

INSTRUCȚIUNI:
a) Ungeți friptura de ton cu pudră de cinci condimente și condimente pentru grătar.
b) Se prăjește tonul pe fiecare parte timp de 2 minute.
c) Combinați verdețurile, ridichile și castraveții într-un castron.
d) Bateți wasabi, oțetul și sosul de soia într-un castron mai mic; adăugați ulei pentru a face dressingul.
e) Se stropesc dressing peste salată și se amestecă.
f) Tăiați tonul felii și aranjați pe salată.

20.Salată Ahi Ton Tataki Cu Sos De Lămâie Wasabi

INGREDIENTE:
Dressing cu lămâie și wasabi:
- 1 șalotă mică, decojită și tăiată felii
- 1-2 lingurite de wasabi preparat
- 2 linguri sos de soia
- 2 linguri suc proaspăt de lămâie
- 1 lingura mirin
- 2 linguri otet de orez
- 1 lingurita suc de yuzu
- Zahăr granulat, după gust
- 4 linguri ulei de canola

TON:
- 12 uncii ton ahi proaspăt, calitate sashimi
- 2 lingurițe ichimi togarashi (sau fulgi de ardei roșu mărunțiți)
- 1/2 lingurita sare roz de Himalaya
- 1 lingura ulei de canola
- 1/2 cană de muguri de ridichi daikon, pentru garnitură

SALATĂ:
- 4 căni de verdeață asiatică pentru copii
- 1 cană edamame decojit congelat, dezghețat
- 2 linguri de ghimbir murat, tăiat juliană
- 1/2 castravete, decojit, tăiat în bastoane subțiri
- 1 roșie moștenire mică, tăiată în felii mici

INSTRUCȚIUNI:
a) Adăugați toate ingredientele pentru dressing într-un blender și amestecați până la omogenizare.
b) Asezonați porțiile de ton cu togarashi și sare. Se prăjește tonul în ulei de canola și se taie în felii egale.
c) Puneți verdețurile într-un castron și condimentați ușor cu dressing.
d) Distribuiți salata pe farfurii de servire, acoperiți cu ghimbir murat, edamame, castraveți și roșii.
e) Aranjați feliile de ton în jur și stropiți cu mai mult dressing. Se ornează tonul cu muguri de daikon.

21.Salată de ton cu straturi încântătoare

INGREDIENTE:
- 2 ore timp de răcire
- 1-1/2 lb fileuri de ton ahi proaspăt, tăiate cu grosimea de 1 inch
- 1 lingura ulei de masline extravirgin
- 1-1/4 lb cartofi noi Yukon Gold, tăiați subțiri
- 6 spice de porumb dulce proaspat
- 1 cană coriandru proaspăt tocat
- 12 cepe verde, feliate
- 1 ardei jalapeno, fără sămânță și feliat
- Dressing de var
- 1 ardei dulce rosu mediu, tocat
- Pudra de chili
- felii de lime (opțional)

DRESSING DE LIMĂ:
- 1/3 cană suc proaspăt de lămâie
- 1/3 cană ulei de măsline extravirgin
- 1 lingurita zahar
- 1/2 lingurita sare

INSTRUCȚIUNI:

a) Ungeți tonul cu ulei de măsline, stropiți cu sare și piper, apoi puneți la grătar până când este gata.

b) Gătiți feliile de cartofi până se înmoaie. Tăiați porumbul din știulete.

c) Într-un castron mic, combinați coriandru, ceapa verde și jalapeno; acoperiți și răciți.

d) Pregătiți dressingul de lime amestecând sucul de lime, uleiul de măsline, zahărul și sare.

e) Se rupe tonul în bucăți și se pune uniform într-o tavă de copt. Stropiți cu dressing de lime.

f) Adăugați cartofii, porumbul și sosul rămas. Se presară cu sare și piper.

g) Se acopera si se da la rece 2-3 ore.

SALATA DE TON ALEST

22.Salată Niçoise de ton roşu prăjit

INGREDIENTE:
SALATĂ
- 225 g cartofi roşii mici
- 4 ouă mari
- O mână mare de salată verde mixtă
- 400 g Ton roşu de sud Dinko
- 200 g rosii cherry
- ½ cană măsline niçoise
- Sare si piper

ÎMBRACȚIE
- 1/3 cană ulei de măsline
- 1/3 cana otet de vin rosu
- 1 lingură muştar de Dijon

INSTRUCȚIUNI:
a) Puneţi uleiul de măsline, oţetul de vin roşu şi muştarul de Dijon într-un borcan de sticlă şi agitaţi.
b) Puneţi ouăle într-o cratiţă mare şi acoperiţi cu apă. Odată ce apa ajunge la fierbere, opriţi arzătorul şi lăsaţi să stea timp de 10-15 minute. Se strecoară apa din cratiţă apoi se umple cu apă rece şi se lasă să stea.
c) Curăţaţi şi tăiaţi cartofii, puneţi-le într-o cratiţă, apoi acoperiţi cu apă. Se aduce la fierbere, apoi se reduce focul şi se fierbe timp de 12 minute.
d) 4 Încingeţi o tigaie mare din fontă la foc mediu-mare, apoi ungeţi uşor tigaia cu spray de gătit.
e) Ungeţi fripturile de ton roşu Dinko Southern cu sare şi piper, apoi puneţi tonul în tigaie. Se prăjeşte tonul timp de 2 minute pe fiecare parte. Puneţi pe o parte şi lăsaţi să se răcească.
f) Scoateţi ouăle din apă; se curata si se taie in jumatate pe lungime.
g) Tăiaţi fripturi de ton subţiri peste bob.
h) Într-un castron mare, combinaţi roşiile, măslinele, salata verde şi cartofii. Se amestecă uşor.
i) Împărţiţi amestecul de salată în patru farfurii; acoperiţi cu felii de ton şi ouă.
j) Stropiţi cu dressing şi serviţi.

23.Ton roșu cu măsline și gust de coriandru

INGREDIENTE:
- 1 lb friptură de ton roșu
- 3 castraveți Kirby
- 1/2 cană de măsline amestecate fără sâmburi, tăiate cubulețe de 1/4 inch
- 1/4 cană frunze proaspete de coriandru
- 2 linguri de suc proaspăt de lămâie, plus felii de lămâie pentru servire
- 1/4 cană plus 2 linguri ulei de măsline extravirgin
- Sare grunjoasă și piper proaspăt măcinat
- 2 linguri de unt nesarat

INSTRUCȚIUNI:
a) Înjumătățiți castraveții pe lungime, scoateți și aruncați semințele, apoi tăiați castraveții în zaruri de 1/4 inch.
b) Într-un castron mic, combinați castraveții, măslinele, coriandru, sucul de lămâie și 1/4 cană ulei; se asezoneaza cu sare si piper. Pus deoparte.
c) Asezonați friptura de ton cu sare și piper. Se încălzește o tigaie mare și grea (de preferință din fontă) la mare putere. Adăugați 2 linguri de ulei; cand incepe sa straluceasca, adauga friptura de ton. Se prăjește 1 minut, apoi se răstoarnă și se fierbe încă 30 de secunde.
d) Adăugați 2 linguri de unt, topiți și gătiți încă 1 minut. Notă: ne place tonul nostru gătit rar, dacă preferați să fie gătit mai mediu, nu ezitați să adăugați câteva minute la timpul de gătire.
e) Folosind un cuțit ascuțit, tăiați friptura de ton de-a lungul biasului și serviți acoperită cu gust de măsline.

24. Salată mediteraneană de ton roșu

INGREDIENTE:
- 1 kg de ton roșu proaspăt, de calitate sushi
- 4 căni de salată verde (rucola, spanac și/sau creson)
- 1 cană de roșii cherry, tăiate la jumătate
- 1/2 castravete, feliat
- 1/4 ceapă roșie, feliată subțire
- 1/4 cană măsline Kalamata, fără sâmburi
- 2 linguri capere
- 1/4 cană brânză feta, mărunțită
- 3 linguri ulei de masline extravirgin
- 2 linguri otet de vin rosu
- 1 lingurita mustar de Dijon
- Sare si piper negru dupa gust

INSTRUCȚIUNI:
a) Tăiați tonul roșu în cuburi de mărimea unei mușcături.
b) Asezonați tonul cu sare și piper.
c) Încinge o tigaie sau o tigaie la grătar la foc mare.
d) Se prăjesc cuburile de ton 1-2 minute pe fiecare parte, păstrând centrul rar.
e) Se ia de pe foc si se lasa sa se odihneasca cateva minute inainte de a taia felii.
f) Într-un castron mare, combinați salata verde, roșiile cherry, castraveții, ceapa roșie, măslinele și caperele.
g) Într-un castron mic, amestecați uleiul de măsline, oțetul de vin roșu, muștarul de Dijon, sarea și piperul.
h) Adăugați tonul tăiat felii în salată.
i) Stropiți sosul peste salată și amestecați ușor pentru a se combina.
j) Se presara deasupra branza feta maruntita.
k) Serviți imediat.

SALATA DE FRUPTURA DE TON

25. Salată Nicoise deconstruită

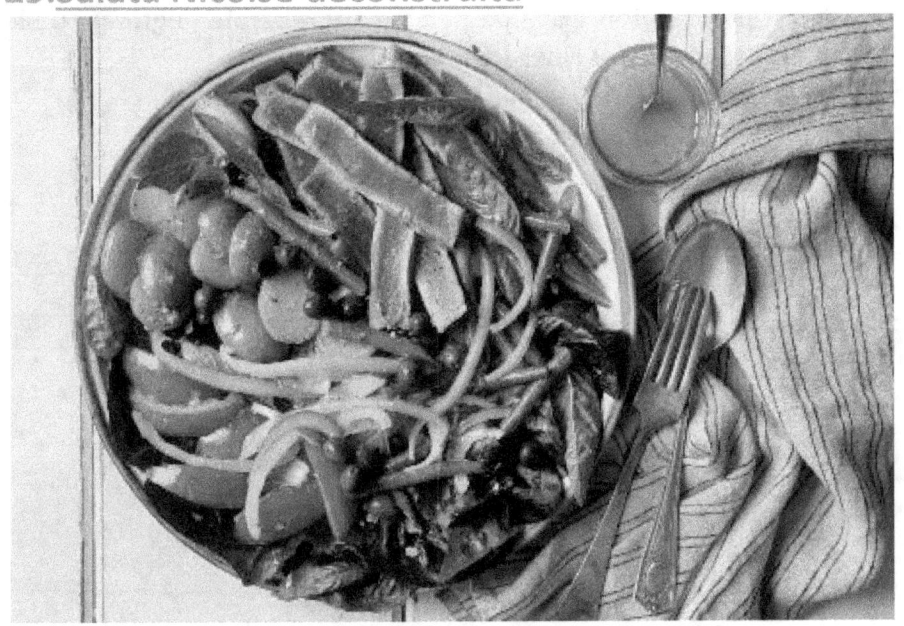

INGREDIENTE:
- Fripturi de ton - una de persoană, preparate la grătar cu ulei de măsline, sare și piper
- 2 cartofi noi de persoană
- 5-8 fasole de persoană
- 10 măsline de persoană
- 1 ou fiert moale de persoană
- Maioneza de hamsii

INSTRUCȚIUNI:
a) Fierbeți cartofii și tăiați în felii.
b) Curățați ouăle fierte moi.
c) Albește fasolea.
d) Fă la grătar fripturile de ton.
e) Construiți, terminând cu fripturile de ton deasupra.
f) Stropiți cu maioneză de hamsii.

26.Salată De Ton și Fasole Albă

INGREDIENTE:
- 2 conserve de cannellini (15 uncii) sau fasole mare de nord, clătite și scurse
- 3 roșii Roma mari, fără semințe și tocate (aproximativ 1 1/2 căni)
- 1/2 ceasca de fenicul tocat, rezerva blaturi cu frunze
- 1/3 cana ceapa rosie tocata
- 1/3 cană ardei gras portocaliu sau roșu
- 1 lingură vârfuri de frunze de fenicul tăiate
- 1/4 cană ulei de măsline extravirgin (EVOO)
- 3 linguri otet de vin alb
- 2 linguri suc de lamaie
- 1/4 lingurita sare
- 1/4 lingurita piper
- 1 friptură de ton (6 uncii), tăiată cu grosimea de 1 inch
- Sare
- Piper negru
- 1 lingura EVOO
- 2 căni de verdeață de salată amestecată ruptă
- Blaturi de fenicul cu frunze

INSTRUCȚIUNI:
Pentru salata:
a) Într-un castron mare, combinați fasolea, roșiile, feniculul tocat, ceapa roșie, ardeiul dulce și blaturile de fenicul tăiat; pus deoparte.
b) Pentru vinaigretă:
c) Într-un borcan cu capac cu șurub, combinați 1/4 cană EVOO, oțetul, sucul de lămâie, câte 1/4 linguriță de sare și piper. Acoperiți și agitați bine.
d) Turnați dressing peste amestecul de fasole; se aruncă ușor pentru a acoperi. Lăsați să stea la temperatura camerei timp de 30 de minute.
Pentru ton:
e) Se presara tonul, daca se foloseste proaspat, cu sare si piper; încălziți 1 lingură EVOO la foc mediu-mare.
f) Adăugați tonul și gătiți timp de 8 până la 12 minute sau până când peștele se fulge ușor cu o furculiță, întorcându-se o dată. Rupeți tonul în bucăți.
g) Adăugați tonul la amestecul de fasole; arunca pentru a combina.
h) A servi:
i) Tapetați un platou de servire cu salată verde, puneți amestecul de fasole peste verdețuri.
j) Ornați cu blaturi suplimentare de fenicul, dacă doriți.

27.Salată de ton cu Tarhon la grătar

INGREDIENTE:
- 1/2 cană vinaigretă ușoară sau sos italian pentru salată
- 1 lingura tarhon proaspăt mărunțit
- 4 (6 oz. fiecare) fripturi de ton proaspete, tăiate de 1/2 inch până la 3/4 inch grosime
- 8 căni (8 oz) de verdeață de salată
- 1 cană de roșii (lacrimă, struguri sau cireșe)
- 1/2 cană fâșii de ardei gras galben
- 1-3/4 cani (7 oz.) Mozzarella tocata si branza Asiago cu usturoi prajit, impartite

INSTRUCȚIUNI:
a) Combinați sosul pentru salată și tarhonul. Peste fripturile de ton se pun 2 linguri de dressing.
b) Prăjiți tonul pe cărbuni mediu-mare timp de 2 minute pe fiecare parte sau până când este prăjit pe exterior, dar încă foarte roz în centru. Evitați gătirea excesivă pentru a preveni duritatea.
c) Combinați salata verde, roșiile, fâșii de ardei gras și 1 cană de brânză într-un castron mare.
d) Adăugați amestecul de dressing rămas; arunca bine.
e) Transferați în farfurii de servire, acoperiți cu ton și stropiți cu brânză rămasă. Serviți cu piper.

28.Salata Nicoise de Ton la Gratar

INGREDIENTE:
- 2 linguri otet de sampanie
- 1 lingura tarhon tocat
- 1 lingurita mustar de Dijon
- 1 şalotă mică, tocată mărunt
- 1/2 linguriţă sare de mare fină
- 1/4 lingurita piper negru macinat
- 1/4 cană ulei de măsline
- 1 (1 kilogram) friptură de ton proaspătă sau congelată şi dezgheţată
- Spray de gatit cu ulei de masline
- 1 1/2 kilograme de cartofi noi mici, fierţi până când se înmoaie şi se răcesc
- 1/2 kilogram de fasole verde, tăiată, fiartă până când se înmoaie şi se răceşte
- 1 cană de roşii cherry tăiate în jumătate
- 1/2 cană măsline Nicoise fără sâmburi
- 1/2 cană ceapă roşie feliată subţire
- 1 ou fiert tare, decojit şi tăiat felii (opţional)

INSTRUCŢIUNI:
a) Se amestecă împreună oţetul, tarhonul, Dijon, eşapa, sare şi piper. Bateţi încet uleiul de măsline pentru a face o vinaigretă.
b) Stropiţi 2 linguri de vinaigretă peste fripturile de ton, acoperiţi şi răciţi timp de 30 de minute.
c) Pulverizaţi grătarul cu spray de gătit şi preîncălziţi la foc mediu. Tonul la grătar până când este fiert la nivelul dorit (5 până la 7 minute pe fiecare parte).
d) Fulgi tonul în bucăţi mari. Aranjaţi tonul, cartofii, fasolea verde, roşiile, măslinele, ceapa şi ou pe un platou mare. Serviţi cu vinaigreta rămasă în parte.

29.Salată verde și salată de ton la grătar

INGREDIENTE:
VINIGRETĂ DE LIMĂ:
- 6 linguri suc de lamaie
- 1,5 linguri otet de vin alb
- 3 linguri ulei de masline
- 2 linguri de sos de soia cu conținut redus de sodiu
- Sare și piper negru proaspăt măcinat

TON:
- 4 fripturi de ton (4 până la 5 oz fiecare)
- Spray de gătit antiaderent

SALATĂ VERDE:
- 8 cesti amestecat Bibb si salata romana
- 6 ciuperci mari (tacate felii)
- 1/4 cană de ceai tăiat felii
- 1 roșie mare (cuiate)
- 1 cutie de fasole neagra (clatita si scursa, rece)

INSTRUCȚIUNI:
a) Pregătiți vinegreta de lămâie-soia amestecând sucul de lămâie, oțetul, uleiul de măsline, sosul de soia, sare și piper.
b) Pulverizați grătarul cu spray de gătit antiaderent și preîncălziți la mediu-mare. Asezonați tonul cu sare și piper.
c) Tonul la gratar timp de 4-5 minute pe fiecare parte. Tăiați tonul în fâșii.
d) Într-un castron, combinați tonul, ciupercile, ceapa și alte legume cu jumătate din vinegretă.
e) Într-un castron separat de salată, amestecați salata verde cu vinegreta rămasă. Aranjați amestecul de ton și legume deasupra.
f) Opțional: Presărați deasupra coriandru tocat. Această salată este asemănătoare cu Black-eyed Pea servită cu așa ceva.

30. Fripturi de ton cu piper cu salată în stil coreean

INGREDIENTE:
SALATA IN STIL COREAN:
- 1/2 cană varză napa mărunțită
- 1/4 cană muguri de fasole proaspeți
- 1 castravete, decojit, fără sămânță și feliat subțire
- 1/4 cană sos de soia
- 1/4 cană oțet de orez
- 1 lingura ghimbir tocat
- 1 lingura de usturoi tocat
- 1 ardei iute proaspat la alegere, tocat
- 2 linguri de zahar granulat
- 2 linguri de busuioc proaspăt tocat gros
- Sare si piper dupa gust

TON:
- 4 fripturi de ton proaspete
- 1/4 cană boabe de piper măcinat grosier
- 1/2 lingurita sare kosher

INSTRUCȚIUNI:
a) Într-un castron mediu, combinați varza, mugurii de fasole și castraveții.
b) Combinați sosul de soia, oțetul, ghimbirul, usturoiul, ardeiul iute, zahărul, busuiocul, sare și piper. Se amestecă bine, apoi se adaugă în amestecul de varză cât să se umezească. Se amestecă bine, se acoperă și se dă la frigider.
c) Preîncălziți broilerul la maxim. Ungeți tonul peste tot cu boabe de piper măcinat și stropiți cu sare.
d) Puneți pe o tigaie unsă ușor cu grătar și coaceți până când este gata după bunul plac, aproximativ 6 minute pe fiecare parte.
e) Distribuiți salata în 4 farfurii, apoi acoperiți fiecare cu o friptură de ton și serviți deodată.

31.Salată de ton proaspăt prăjit

INGREDIENTE:
- 3/4 de kilograme de cartofi roșii sau cremă
- 1/2 kg de fasole verde proaspătă
- 2 linguri muștar de Dijon
- 3 linguri otet de vin rosu
- 1 lingura de hrean alb
- 2 linguri supa de pui
- 3/4 kg friptură de ton proaspăt, grosime de 1 inch
- 2 linguri de seminte de susan
- 1 lingura ulei de masline
- 8 uncii de verdeață proaspătă pentru copii
- 1 roșie coaptă, tăiată în cuburi de 2".
- 1/2 bagheta frantuzeasca
- 1/2 lingurita sare
- 1/2 lingurita piper negru proaspat macinat

INSTRUCȚIUNI:
a) Preîncălziți cuptorul la 350.
b) Spălați cartofii și tăiați-i în cuburi de 1 inch.
c) Spălați și tăiați fasolea și tăiați-le în bucăți de 2".
d) Pune cartofii într-un cuptor cu abur peste 3 inchi de apă, apoi acoperă oala și aduce apa la fiert.
e) Se fierbe la abur timp de 5 minute, apoi se adaugă fasolea și se continuă fierberea la abur încă 5 minute.
f) Se amestecă muștarul și oțetul într-un castron mare până se omogenizează. Adăugați hrean și bulion, apoi amestecați cu o furculiță până la o consistență netedă.
g) Se adauga sare si piper, apoi se adauga cartofii si fasolea cand sunt fierte si se amesteca bine.
h) Spălați tonul și uscați-l cu prosoape de hârtie, apoi ungeți ambele părți cu semințe de susan.
i) Preîncălziți o tigaie antiaderență medie timp de 2 minute. Adăugați ulei de măsline și prăjiți tonul timp de 2 minute pe fiecare parte, apoi sare și piperați partea gătită.
j) Acoperiți și luați de pe foc, apoi lăsați să stea 5 minute.
k) Împărțiți verdeața în jumătate și puneți-le pe farfurii, apoi puneți cartofii și fasolea cu lingură pe salată verde. Adăugați roșiile, apoi tăiați tonul în fâșii și aranjați deasupra.
l) Se toarnă restul de dressing deasupra, apoi se servește cu o baghetă.

SALATE DE TON ALBACORE CONSERVE

32.Salată de ananas cu banane albacore

INGREDIENTE:
- 3 banane coapte, tăiate cubulețe
- 1/2 cană de ananas conservat tăiat cubulețe
- 1 1/2 cani de ton albacore la conserva
- 1/4 cană țelină tăiată cubulețe
- 1/2 lingurita sare
- 1 lingură murătură tocată
- Maioneza pentru umezire

INSTRUCȚIUNI:
a) Se amestecă bananele și ananasul, apoi se adaugă fulgi de alb.
b) Îndoiți ingredientele rămase, apoi decorați cu salată verde crocantă și felii de lămâie.

33. Salată de paste albacore

INGREDIENTE:
- 4 cani de paste spiralate fierte
- 1 cană sos de salată italian
- 1 cană de roșii, tăiate cubulețe
- 1 cană castraveți, tăiați cubulețe
- 1 cană măsline negre, tăiate cubulețe
- 1 cană ardei gras roșu, tăiat cubulețe
- 2 căni de salată verde
- 1 cutie de ton albacore

INSTRUCȚIUNI:
a) Gatiti pastele conform instructiunilor.
b) Scurgeți și amestecați cu dressingul pentru salată. Dați la frigider timp de 1 oră.
c) Rupeți salata verde în bucăți mici și dați-o la frigider.
d) Se amestecă legumele cu pastele, apoi se amestecă ușor tonul și se aranjează pe salată verde într-un bol.

34.Salată cu tăiței cu ton

INGREDIENTE:
- 1-2 conserve de ton (albul alb funcționează cel mai bine)
- 2 căni de paste nefierte (cojile mici sau macaroanele funcționează grozav)
- 1/3 castraveți (tăiați în bucăți)
- 1/2 rosie medie (taiata cubulete)
- 1 morcov mare (decojit și tocat în bucăți mici)
- 1/3 cană măsline negre feliate
- 1/3 cană măsline verzi feliate
- 3 muraturi dulci (tacate subtiri)
- 1/2 ceapa mica (tocata sau tocata fin)
- 1/2 cană sos de salată (Miracle Whip sau fără nume)
- Sare si piper dupa gust
- Orice alte legume pe care le place sau ați dori să le înlocuiți

INSTRUCȚIUNI:
a) Fierbe pastele (aproximativ 10 minute).
b) În timp ce pastele fierb, pregătiți legumele.
c) Scurgeți tăițeii și clătiți cu apă rece până când pastele se răcesc.
d) Adăugați sos pentru salată, sare și piper. Amesteca bine.
e) Adăugați toate legumele tocate în paste.
f) Adăugați tonul în amestec. Voila!

35.Salată de ton Chow Mein

INGREDIENTE:
ÎMBSĂMÂNT:
- 1/3 cană fiecare maioneză și smântână (sau iaurt grecesc)
- 1/4 lingurita sare (adaptati dupa gust)
- 3/4 lingurita praf de usturoi
- 1/8 lingurita piper negru

SALATĂ:
- 1 cap de salată iceberg, ruptă
- 12 oz ton albacore, scurs și tăiat în bucăți
- 1 cană mazăre verde congelată, decongelată
- 1 taitei pot Chow Mein (aproximativ 1 cana plina)

INSTRUCȚIUNI:
a) Se amestecă ingredientele pentru dressing și se lasă deoparte.
b) Se amestecă mazărea, tonul și salata verde.
c) Amestecați dressingul.
d) La sfârșit, adăugați tăițeii Chow Mein și serviți imediat!

36. Mostaccioli Salata Nicoise

INGREDIENTE:
- 1 kilogram de paste Mostaccioli sau penne, nefierte
- 2 kilograme de fasole verde proaspătă, gătită la abur până devine fraged-crocantă
- 2 ardei verzi medii, tăiați în bucăți
- 1 galță de roșii cherry, tăiate în patru
- 2 căni de țelină feliată
- 1 cană ceapă verde feliată
- 10-20 de măsline coapte fără sâmburi (Kalamata), feliate (sau după gust)
- 2 conserve (7 uncii) de ton alb (albacore), scurs și fulgi

ÎMBSĂMÂNT:
- 1/2 cană ulei de măsline sau vegetal
- 1/4 cană oțet de vin roșu
- 3 catei de usturoi, tocati
- 4 lingurițe de muștar în stil Dijon
- 1 linguriță de condimente fără sare
- 1 lingurita frunze de busuioc (proaspete sau uscate)
- 1/4 lingurita piper

INSTRUCȚIUNI:
a) Pregătiți pastele conform instrucțiunilor pachetului.
b) În timp ce pastele se gătesc, tăiați legumele și măslinele, combinați cu tonul într-un castron mare.
c) Se amestecă uleiul, oțetul, usturoiul, muștarul, condimentele, busuiocul și piperul.
d) După ce pastele sunt gata, scurgeți-le și adăugați-le în vasul mare cu legume.
e) Se toarnă dressing peste paste și se amestecă pentru a se combina bine.
f) Acoperiți și răciți până când aromele se topesc (aproximativ 1-2 ore, mai mult pentru o aromă mai bună).
g) Se amestecă din când în când în timp ce se răcește, apoi se servește și se bucură!

37.Salată cu tăiței și ton cu piment

INGREDIENTE:
- 1 cutie cu tăiței mici
- 1 borcan de piment (tocat)
- 1/2 cana telina tocata
- 1/2 cană ceapă verde (tăiată felii mici)
- 1 cutie ton albacore (scurcat)
- 1 cană maioneză

INSTRUCȚIUNI:

a) Fierbeți tăițeii mici în apă cu sare până când sunt gata. Scurgeți și clătiți cu apă rece până se răcește.

b) Se amestecă cu piment tocat, țelină, ceapă verde, ton scurs și maioneză.

c) Se da la frigider si se serveste pe o frunza de romaine. Ideal pentru un prânz de vară.

38. Salată de ton bici

INGREDIENTE:
- 2 cutii de ton albacore in apa
- 3/4 cană caș mare de brânză de vaci (puteți folosi cu conținut scăzut de grăsimi)
- 1 lingurita marar
- 1 lingurita zahar (optional)
- 1 lingura Miracle Whip
- Sare si piper dupa gust

INSTRUCȚIUNI:
a) Combinați toate ingredientele într-un bol.
b) Se amestecă bine și se mănâncă.
c) Poate fi consumat singur sau pe sandvișuri. Poate fi savurat pe pâine copioasă cu cereale tăiate groase sau cu biscuiți din grâu integral.

39.Salata de ton macaroane

INGREDIENTE:
- 12 uncii de ton albacore umplut în apă, scurs și fulgi
- Pachet de 8 uncii macaroane cu coajă mică
- 2 oua fierte tari, tocate marunt
- 1/4 cana ardei verde sau rosu, tocat
- 2 tulpini de telina, tocate
- 1 legatura ceapa verde, tocata
- 1 cană de mazăre verde congelată, fiartă și răcită
- 3/4 cană maioneză
- 2 linguri de gust de murături
- 1 lingurita sare
- 1 lingurita piper negru proaspat macinat

INSTRUCȚIUNI:

a) Gătiți macaroanele conform instrucțiunilor de pe ambalaj, scurgeți și clătiți cu apă rece.

b) Lăsați macaroanele să se răcească, apoi adăugați ton, ouă, ardei, țelină, ceapă și mazăre. Amesteca bine.

c) Într-un castron mic, amestecați maioneza, sarea și piperul.

d) Adăugați amestecul de maioneză în macaroane și amestecați bine.

e) Pune la frigider câteva ore înainte de servire.

40. Naked Snow Pea Ton Salata

INGREDIENTE:
- 12 oz Ton albacore alb
- 1/8 cană mazăre dulce tăiată proaspătă
- 1 ramuri medii Inimioare proaspete de telina
- 1/2 cană ceapă verde
- 1 cana patrunjel
- 1/2 cană jicama
- 1 lingurita chimen macinat
- 1/4 lingurita condimente, piper cayenne
- 1/4 lingurita sare
- 1/2 cană maioneză

INSTRUCȚIUNI:
a) Decojiți mazărea, apoi cubulețe fine țelina, ceapa verde și jicama. Toca patrunjelul.
b) Scurge cele două conserve de ton, amestecă și amestecă bine.
c) Răciți timp de o oră înainte de servire.
d) Serviți peste verdeață proaspătă sau rulați-o într-o folie. Poate fi folosit pentru un wrap cu ton fierbinte dacă aveți o presă pentru panini.

41. Salata Neptun

INGREDIENTE:
- 12-14 oz. Ton alb alb, scurs
- 6 rosii uscate ambalate in ulei, tocate
- 2 linguri patrunjel tocat
- 1/2 cană de pansament balsamic Marzetti®, împărțit
- 8 uncii de verdeață de salată mixtă curățată
- 1/2 castravete englezesc, tăiat în jumătate și tăiat în felii de 1/4 inch
- 2 roșii coapte tăiate în 6 felii fiecare
- 1 cană Texas toast sare de mare și piper Croutons®

INSTRUCȚIUNI:
a) Într-un castron mediu, combinați tonul, roșiile uscate, pătrunjelul și 2 linguri de dressing balsamic Marzetti®.
b) Într-un castron de servire, combinați salata verde, castraveții și roșiile. Se amestecă cu dressingul balsamic Marzetti® rămas.
c) Se pune amestecul de ton peste verdeață și se stropește cu Texas Toast Sea Sat & Pepper Crutoane.
d) Servi.

42.Salată cremoasă de ton cu ardei gras și roșii

INGREDIENTE:
- 2 conserve mari albe, ton albacore ambalate in apa, scurse
- 1/4 măsline kalamata fără sâmburi, scurse și tocate SAU 1/4 măsline spaniole, scurse și tăiate felii
- 1/2 ardei gras rosu, fara samburi si tocat (sau ardei rosu prajit)
- 2 linguri capere, scurse
- 1/4 ceapa rosie, taiata cubulete
- 2 rosii roma, tocate
- Suc dintr-o bucată de lămâie
- Maioneză
- 2 linguri muștar de Dijon
- Piper negru proaspăt măcinat
- Câteva shake-uri de condimente Old Bay

INSTRUCȚIUNI:
a) Combinați toate ingredientele, cu excepția maioanei, într-un castron mare.
b) Adaugati cate putina maia pana ajunge la consistenta dorita; este mai ușor să adaugi decât să iei.
c) Se da la rece până la servire.
d) Serviți pe pâine franțuzească crocantă cu brânză cheddar sau pe salată verde cu frunze.
e) Nu este nevoie de sare, deoarece obține o mulțime de măsline și capere.
f) Utilizator

43. Salata de ton Olio Di Oliva

INGREDIENTE:
- 1 cutie de 5 uncii Ton albacore ambalat în apă
- 1/4 cană roșii tăiate cubulețe
- 1/4 cană țelină tăiată cubulețe
- 1/8 cană măsline Kalamata tăiate cubulețe
- 1 lingurita capere
- 1/4 lingurita busuioc uscat
- 1/4 lingurita oregano uscat
- 1/4 lingurita patrunjel uscat
- 1 lingura ulei de masline
- 1 1/2 lingura otet de vin rosu
- Sare si piper crapat dupa gust
- 2 linguri de nuci de pin (optional)

INSTRUCȚIUNI:
a) Scurgeți bine conserva de ton.
b) Se pune intr-un bol si se adauga restul ingredientelor.
c) Se amestecă ușor pentru a se amesteca.
d) Răciți sau mâncați imediat.

44. Salata Tortellini de Ton

INGREDIENTE:
- 1 pachet (19 oz.) tortellini cu brânză congelată
- 1 conserve (12 oz.) de ton albacore, clătit și scurs bine
- 1/4 cană măsline verzi feliate
- 1/4 cană măsline negre feliate
- 1/4 cană ardei gras roșu tăiat cubulețe
- 2 linguri ceapa dulce tocata
- 2 linguri patrunjel proaspat tocat
- 2 linguri de maioneza
- 1 lingura otet de vin rosu
- 1 lingurita herbes de Provence (sau 1 lingurita condiment italian uscat)
- 1/4 cană ulei de canola
- Sarat la gust
- Garnitura: crengute de patrunjel proaspat

INSTRUCȚIUNI:
a) Gatiti tortellini conform instructiunilor de pe ambalaj; scurgere. Puneți în apă cu gheață pentru a opri procesul de gătire; se scurge si se pune intr-un castron mare.
b) Se amestecă tonul și următoarele 5 ingrediente.
c) Se amestecă maioneză, oțet de vin roșu și ierburi de Provence. Adăugați ulei într-un flux lent și constant, amestecând constant până la omogenizare.
d) Se toarnă peste amestecul de tortellini, amestecând pentru a se acoperi. Se amestecă sare după gust.
e) Acoperiți și lăsați la rece cel puțin 25 de minute. Ornați, dacă doriți.

45. Salată de ton pește

INGREDIENTE:
- 2 conserve tongol sau ton albacore
- 1 ceapa medie, tocata
- 2 tulpini de țelină, tăiate cubulețe de 1/4".
- 1 ou, batut
- 2 linguri crema de sherry
- 1 lingurita condiment cajun
- Maioneza cu ulei de masline dupa gust
- 1 lingura de piment cubulete, scurs
- Ulei de măsline extra virgin
- Oțet balsamic
- 8-10 oz rucola sălbatică, clătită

INSTRUCȚIUNI:

a) Intr-o cratita mica, caliti ceapa in putin ulei de masline pana incepe sa se inmoaie.

b) Adaugati telina si continuati sa caliti pana ce ceapa se inmoaie complet si se rumeneste usor.

c) Adăugați oul bătut și continuați să gătiți, amestecând până când oul este fiert. Luați focul.

d) Scurgeți bine tonul și puneți-l într-un castron mediu. Adăugați 2 linguri de ulei de măsline, sherry, pimentos și condimente Cajun, apoi amestecați.

e) Adăugați maioneză până la nivelul dorit de cremositate, dar cel puțin 2 linguri. Se amestecă cu amestecul de ouă și ceapă.

f) Pentru a servi, împărțiți rucola în 4 farfurii cu aperitiv. Stropiți cu oțet și ulei de măsline. Pune pe fiecare câte o praf de salată de ton.

ALTE SALATE DE TON CONSERVE

46. Salată de roșii uscate și ton

INGREDIENTE:
- 10 roșii uscate la soare , înmuiate și tăiate cubulețe
- ulei de măsline extravirgin, 2 linguri
- suc de lamaie, ½ lingura
- 1 catel de usturoi, tocat
- patrunjel tocat marunt, 3 linguri
- 2 (5 oz) conserve de ton , fulgi
- 2 coaste de telina, taiate marunt
- Ciupiți sare și piper cu conținut scăzut de sodiu

INSTRUCȚIUNI:
a) Combinați țelina tăiată cubulețe, roșiile, uleiul de măsline extravirgin, usturoiul, pătrunjelul și sucul de lămâie cu tonul.
b) Asezonați cu piper și sare cu conținut scăzut de sodiu.

47.Salată italiană de ton

INGREDIENTE:
- 10 roșii uscate la soare
- 2 (5 oz) cutii de ton
- 1-2 coaste de țelină, tăiate mărunt
- 2 linguri de ulei de măsline extravirgin
- 1 catel de usturoi, tocat
- 3 linguri patrunjel tocat marunt
- 1/2 lingura suc de lamaie
- Ciupiți sare și piper cu conținut scăzut de sodiu

INSTRUCȚIUNI:
a) Pregătiți roșiile uscate la soare înmuiindu-le în apă caldă timp de 30 de minute până se înmoaie. Apoi, se usucă roșiile și se toacă mărunt.
b) Fulgi tonul.
c) Se amestecă tonul cu roșiile tocate, țelina, uleiul de măsline extravirgin, usturoiul, pătrunjelul și zeama de lămâie. Adăugați sare și piper cu conținut scăzut de sodiu.

48.Salată cu ton asiatic

INGREDIENTE:
- 2 (5 oz) conserve de ton, scurse
- ½ cană de varză roșie mărunțită
- 1 morcov mare ras
- 1 cățel de usturoi, tocat
- 1 lingurita fulgi de chili rosu (optional)
- 1 lingurita ghimbir, ras
- 1 lingurita ulei de susan prajit
- 2 linguri ulei de masline
- 3 linguri otet de orez
- 1 lingurita zahar
- 2 linguri coriandru proaspăt tocat
- 1 ceapă, tocată
- Sare si piper negru dupa gust

INSTRUCȚIUNI:

a) Adăugați toate ingredientele într-un bol de salată și amestecați bine.

b) Serviți cu pâine sau pe căni de salată.

49.Salata romana de ton

INGREDIENTE:
- 1 lingura suc de lamaie
- 2 coaste de telina, taiate marunt
- 1 catel de usturoi, tocat
- 3 linguri patrunjel
- 2 linguri de ulei de măsline extravirgin
- 10 roșii uscate la soare, deseori puse în apă caldă și tocate
- 10 oz. conserva de ton, fulgi
- Ciupiți sare și piper cu conținut scăzut de sodiu

INSTRUCȚIUNI:
a) Aruncă totul într-un bol de amestecare.
b) Bucurați-vă.

50. Aperitiv cu conținut scăzut de carbohidrați
Salată de ton

INGREDIENTE:
- 10 roșii uscate la soare , înmuiate și tăiate cubulețe
- 2 (5 oz) conserve de ton , fulgi
- 1-2 coaste de țelină, tăiate mărunt
- 2 linguri de ulei de măsline extravirgin
- 1 catel de usturoi, tocat
- 3 linguri patrunjel tocat marunt
- ½ lingură suc de lămâie
- Ciupiți sare și piper cu conținut scăzut de sodiu

INSTRUCȚIUNI:

a) Se amestecă tonul cu roșiile tocate, țelina, uleiul de măsline extravirgin, usturoiul, pătrunjelul și zeama de lămâie.

b) Adăugați sare și piper cu conținut scăzut de sodiu.

51.Preparare pentru salată de ton

INGREDIENTE:
- 2 ouă mari
- 2 conserve (5 uncii) de ton în apă, scurs și fulgi
- ½ cană iaurt grecesc degresat
- ¼ cană țelină tăiată cubulețe
- ¼ cană ceapă roșie tăiată cubulețe
- 1 lingură muștar de Dijon
- 1 lingură de gust dulce de murături (opțional)
- 1 linguriță de suc de lămâie proaspăt stors, sau mai mult după gust
- ¼ linguriță de usturoi pudră
- Sare kosher și piper negru proaspăt măcinat, după gust
- 4 frunze de salata Bibb
- ½ cană migdale crude
- 1 castravete, feliat
- 1 măr, feliat

INSTRUCȚIUNI:

a) Puneți ouăle într-o cratiță mare și acoperiți cu apă rece cu 1 inch. Se aduce la fierbere și se fierbe timp de 1 minut. Acoperiți oala cu un capac etanș și luați de pe foc; lăsați să stea timp de 8 până la 10 minute. Scurgeți bine și lăsați să se răcească înainte de a curăța și de a înjumătăți.

b) Într-un castron mediu, combinați tonul, iaurtul, țelina, ceapa, muștarul, condimentul, sucul de lămâie și pudra de usturoi; se asezoneaza cu sare si piper dupa gust.

c) Împărțiți frunzele de salată în recipiente pentru pregătirea mesei. Se adaugă amestecul de ton și se adaugă ouăle, migdalele, castraveții și mărul. Se va păstra la frigider 3 până la 4 zile.

52.Salată de kiwi și ton

INGREDIENTE:
- 1 conserva de ton, scurs
- 2 kiwi, curatati de coaja si feliati
- 1 ceapă roșie mică, feliată subțire
- 2 linguri ulei de masline
- 1 lingura otet balsamic
- Sare si piper dupa gust
- Frunze de salata mixte

INSTRUCȚIUNI:
a) Într-un castron mic, amestecați uleiul de măsline și oțetul balsamic pentru a face dressingul.
b) Într-un castron mare, amestecați tonul, kiwi-urile, ceapa roșie și frunzele de salată amestecate.
c) Se toarnă dressingul peste salată și se amestecă.
d) Se condimenteaza cu sare si piper dupa gust.

53.Salată de ton antipasto

INGREDIENTE:
- 1/2 cană iaurt simplu
- 1/3 cană maioneză
- 1/4 cană busuioc tocat
- 1/4 lingurita piper
- 1/2 castravete englezesc
- 1 ardei gras
- 2 cani de rosii cherry; înjumătăţit
- 1 1/2 cani de perle bocconcini
- 1/2 cană măsline verzi cu piment
- 2 linguri de ardei iute murati scursi si tocati
- 2 conserve de ton bucăţi, scurse
- Salată verde

INSTRUCŢIUNI:
a) Într-un castron mare, combinaţi iaurtul, maioneza, busuiocul şi piperul.
b) Amestecaţi bine.
c) Adăugaţi castraveţi, ardei gras, roşii, bocconcini, măsline şi ardei iute.
d) Aruncă pentru a acoperi.
e) Folosind o furculiţă, amestecaţi uşor tonul, lăsându-l în bucăţi mici.
f) Serviţi deasupra verdeţurilor.

54.Salată de ton cu anghinare și măsline coapte

INGREDIENTE:
- 2 conserve bucăți de ton ușor, scurs și fulgi
- 1 cană inimioare de anghinare tocate
- 1/4 cană măsline feliate
- 1/4 cană de ceață tocată
- 1/3 cana maia
- 3 catei de usturoi, tocati
- 2 lingurite suc de lamaie
- 1 1/2 linguriță de oregano proaspăt tocat sau 1/2 linguriță uscat

INSTRUCȚIUNI:
a) Într-un castron mediu, combinați toate ingredientele.
b) Serviți pe un pat de salată verde sau spanac cu roșii feliate sau folosiți pentru a umple roșii scobite sau coji de foietaj.

55.Salata de ton macaroane Ring

INGREDIENTE:
- 1 cutie (7 uncii) macaroane inel, preparate conform instrucțiunilor de pe cutie
- 1 cutie (8 1/2 uncie) de mazăre Le Sueur la începutul lunii iunie, scursă (sau 1 cană de mazăre Green Giant Select Le Sueur congelată, dezghețată)
- 1 cană de țelină, tăiată mărunt
- 2 conserve de ton (6 uncii), scurse
- 1/4 cană ceapă, tăiată mărunt
- 1 cană Miracle Whip
- 1 lingurita de sare (sau mai putin, folositi dupa gust)

INSTRUCȚIUNI:

a) Se amestecă ușor toate ingredientele și se da la frigider pentru 2 până la 3 ore.

56.Salata De Avocado Cu Ton

INGREDIENTE:
- 2 oua fierte tari
- 1 avocado
- 1/2 lingura suc de lamaie
- 8 uncii de ton
- 3 linguri de maioneza
- 1/2 cană ceapă, tocată
- 2 linguri muraturi de marar, tocate
- 2 lingurite sos lichid de ardei iute
- 1 1/2 linguriță sare
- 1 salata verde, tocata

INSTRUCȚIUNI:
a) Într-un castron, combină ouăle fierte tari cu avocado stropit cu suc de lămâie pentru a preveni decolorarea.
b) Se zdrobește bine cu o furculiță.
c) Într-un bol de servire, amestecați tonul (scurcat) cu maioneza, ceapa tocată, murăturile de mărar tocate, sosul lichid de ardei iute și sare.
d) Se amestecă amestecul de ouă.
e) Serviți peste salată verde mărunțită.

57. Salată de ton cu orez din Barcelona

INGREDIENTE:
- 1/3 cană ulei de măsline
- 1/2 cană oțet de vin roșu
- 1 cățel de usturoi, tocat mărunt
- 1/2 lingurita sare
- 1 lingură muștar de Dijon
- 2 1/2 căni de orez cu bob lung gătit
- Cutie de ton de 5 uncii, scurs
- 1/2 cană măsline verzi feliate umplute cu piment
- 1 ardei gras roșu, fără miez, fără semințe și feliat
- 1 castravete mediu, decojit și tocat
- 1 rosie, tocata
- 1/4 cana patrunjel proaspat tocat

INSTRUCȚIUNI:

a) Se amestecă uleiul, oțetul, usturoiul, sarea și muștarul de Dijon într-un castron mic de sticlă.

b) Combinați ingredientele rămase, cu excepția pătrunjelului, apoi turnați dressingul și amestecați ușor pentru a se combina.

c) Acoperiți și lăsați la marinat la frigider, apoi amestecați pătrunjelul înainte de servire.

58.Salată rece de paste cu ton cu papion Mac

INGREDIENTE:
- 1 pungă (32 uncii) macaroane cu papion mare
- 6 conserve de ton (6 uncii).
- 1 buchet telina
- 1 castravete mic
- 1 ceapa rosie
- 2 conserve de masline negre
- 1 borcan (10-12 uncii) murături cu mărar
- Maioneză (Maioneză ușoară, dacă se dorește)
- Sare piper

INSTRUCȚIUNI:
a) Fierbeți macaroanele conform instrucțiunilor.
b) În timp ce pregătiți macaroanele, pregătiți alte ingrediente.
c) Tăiați felii de țelină, tăiați murăturile, ceapa, măslinele și castraveții.
d) Când s-au terminat macaroanele, puneți-le într-un castron MARE.
e) Începeți folosind aproximativ jumătate din macaroane și adăugați mai multe după cum doriți.
f) Se amestecă tonul și restul ingredientelor împreună cu sare și piper.
g) Ajustați maiaua după bunul plac. Bucurați-vă!

59. Salată de ton cu fasole neagră

INGREDIENTE:
- 1 conserva de ton, scurs
- 1 conserve de fasole neagră, scursă (nu clătită)
- 1 rosie, tocata
- Tofu (opțional, la discreția dvs.)
- 1 lingură (Alouette) brânză tartinabilă usturoi și ierburi (cum ar fi frischkäse sau neufchatel)
- 1/4 cană smântână groasă
- Salată mixtă de verdeață
- Sos cu ulei de chili (opțional)

INSTRUCȚIUNI:
a) Puneți prăjiturile de pește și smântâna într-un castron.
b) Adăugați tonul și fasolea neagră. Se amestecă ușor.
c) Amestecul la microunde pentru aproximativ 2-3 minute până când prăjiturile de pește se topesc. Se amestecă.
d) Pune salata verde pe o farfurie.
e) Pune o porție de fasole și ton pe mijlocul salatei.
f) Presărați roșii și spargeți niște tofu deasupra.
g) Adăugați dressing dacă doriți. (Încercați un sos de casă cu ulei de chili cu ulei de susan, sos de soia, ardei iute tăiat cubulețe. Se amestecă și se toarnă)
h) Bucurați-vă!

60.Salată De Orez Brun și Ton

INGREDIENTE:
- 1 1/5 cană de orez brun sau alt orez cu bob lung
- 1/2 cană oțet balsamic
- 250 de grame de castraveți, necurățați, tăiați în cuburi de 1 cm
- 1/2 cană ridichi mici, tăiate la jumătate
- 1 tulpina de telina, tocata
- 60 de grame frunze de rucola pentru copii
- 450 grame ton în apă, scurs și fulgi
- Piper după gust (fără sare deoarece tonul este deja suficient de sărat)

INSTRUCȚIUNI:
a) Gătiți orezul urmând instrucțiunile de pe pachet, scurgeți-l bine și lăsați-l deoparte timp de 10 minute să se răcească.
b) Se amestecă balsamul prin orez și se lasă deoparte 15 minute.
c) Adăugați toate celelalte ingrediente în orez, adăugați piper după gust, amestecați pentru a combina.
d) Serviți cu sau pe felii de pâine brună.

61.Salată de ton cu naut

INGREDIENTE:
ÎMBSĂMÂNT:
- 1 lingurita de menta uscata sau cateva proaspete tocate
- 1/2 lingurita pudra de usturoi sau folositi proaspat dupa gust
- 1/4 lingurita scortisoara macinata
- 1/2 lingurita sare
- 1/3 cana otet de cidru
- 1/4 cană ulei preferat

LEGUME:
- 1 cană țelină tăiată cubulețe sau felii (include frunzele de sus)
- 1/2 până la 1 ardei gras roșu cubulețe întreg
- Cutie de 8 oz castane de apă feliate, scurse
- 15 oz cutie de fasole garbanzo (naut, ceci), scursa si clatita
- 1 cană ceapă roșie tăiată julien subțire
- 1 roșie mare, tăiată cubulețe
- Ton

INSTRUCȚIUNI:
a) Adăugați toate ingredientele pentru dressing și amestecați bine.
b) Combinați toate legumele într-un castron mare și turnați dressingul peste.
c) Se pastreaza bine la frigider si are un gust grozav daca este marinata cateva ore.
d) Puneți pe un pat de verdeață/sapată verde sau serviți ca o parte proaspătă.
e) Adaugă ton fulgi sau pui la grătar pentru o variantă mai consistentă.

62. Salata Tocata Cu Ton

INGREDIENTE:
- 2 linguri otet de vin alb
- 1/4 lingurita sare
- 1/8 lingurita piper negru proaspat macinat
- 1/4 cană ulei de măsline extravirgin
- 1 cap de salata romana, tocata in bucati de 1".
- 1 cutie de năut, scurs și clătit
- Cutie de ton de 5 uncii, scurs și fulgi
- 1/2 cană măsline negre, fără sâmburi și tăiate
- 1/2 ceapă roșie, tăiată în bucăți de 1/4".
- 2 cani de patrunjel cret proaspat, tocat grosier

INSTRUCȚIUNI:
a) Pune oțetul într-un castron mare de salată.
b) Adăugați sare și piper.
c) Adăugați încet ulei într-un jet constant, amestecând pentru a se emulsiona.
d) Adăugați ingredientele rămase în bol și amestecați bine pentru a se combina.

63.Salata Clasica Nicoza cu Ton

INGREDIENTE:
- 115 g fasole verde (tăiată și tăiată la jumătate)
- 115 g frunze de salata mixte
- 1/2 castravete mic (felii subtiri)
- 4 roșii coapte (în sferturi)
- 50g hamsii conservate (scurcate) - optional
- 4 ouă (fierte tari și tăiate în sferturi SAU poșate)
- 1 conserve mică de ton în saramură
- Sare si piper negru macinat
- 50 g masline negre mici - optional

ÎMBSĂMÂNT:
- 4 linguri ulei de măsline extravirgin
- 2 catei de usturoi (zdrobiti)
- 1 lingura otet de vin alb

INSTRUCȚIUNI:

a) Pentru dressing, amestecați ultimele 3 ingrediente și asezonați după gust cu sare și piper negru, apoi lăsați deoparte.

b) Gătiți fasolea verde aproximativ 2 minute (albire) sau până când se înmoaie ușor, apoi scurgeți.

c) Într-un castron mare, amestecați frunzele de salată, castraveții, roșiile, fasolea verde, anșoa, măslinele și dressingul.

d) Completați cu ou(e) tăiat(e) în sferturi și ton fulgi (ca să nu-și piardă forma).

e) Serviți imediat și bucurați-vă!

64.Cuscus Salata De Naut Si Ton

INGREDIENTE:
- 2 linguri ulei
- 1 roșii cherry, tăiate la jumătate
- 1 cană de cușcuș
- 1 cană apă, fiartă
- 80 g baby spanac
- 400 g năut scurs
- 185 g ton în ulei, scurs și fulgi
- 90 g branza feta, maruntita
- 1/3 cană măsline Kalamata fără sâmburi, tăiate felii

ÎMBSĂMÂNT:
- 2 linguri ulei de masline
- 1 lingura otet balsamic
- 2 linguri sirop de artar

INSTRUCȚIUNI:

a) Încinge uleiul într-o tigaie medie la foc mare. Adăugați roșiile, gătiți 1-2 minute până se înmoaie, apoi transferați pe o farfurie.

b) Puneți cușcușul într-un castron mare, acoperiți cu apă și lăsați deoparte aproximativ 5 minute până când lichidul este absorbit. Pufează cu o furculiță.

c) Dressing: Se amestecă toate ingredientele într-o cană și se asezonează după gust.

d) Puneți spanacul, năutul, tonul, feta și măslinele prin cușcuș, împreună cu roșiile și sosul.

e) Se serveste cu paine crosta. Bucurați-vă!

65.Salată de ton, ananas și mandarină

INGREDIENTE:
- Cutie de 20 uncii felii de ananas, rezervați 2 linguri de suc
- Cutie de ton alb de 7 uncii, scurs
- Cutie de 11 uncii mandarine, scurse
- 1 castravete mediu, decojit și tăiat cubulețe
- 1/4 cana ceapa verde tocata
- Frunze de salata verde pentru ornat farfurii
- 1 cană maioneză
- 1 lingura suc de lamaie

INSTRUCȚIUNI:
a) Scurgeți feliile de ananas, păstrând 2 linguri. pentru pansament.
b) Într-un castron mediu, spargeți bucățile mari de ton, apoi amestecați bucățile de portocale, castraveții și ceapa verde.
c) Tapetați 5 farfurii de salată cu frunze de salată.
d) Puneti amestecul de ton peste salata verde pe farfurii.
e) Acoperiți fiecare farfurie cu 2 felii de ananas.
f) Pentru dressing, amestecați împreună 2 linguri. sucul de ananas cu maioneza si zeama de lamaie.
g) Stropiți dressing peste fiecare porție de salată și serviți imediat.

66.Salată de ton proaspăt și măsline

INGREDIENTE:
- 1/2 cană țelină tăiată cubulețe
- 1/2 cană ceapă spaniolă tăiată cubulețe
- 1/4 cană morcov tăiat cubulețe
- 1/2 foi de dafin
- 1/2 cană vin alb sec
- 2 felii de lamaie
- 1 crenguță maghiran proaspăt
- 1 crenguță de cimbru proaspăt
- 1 kilogram de ton proaspăt fără piele, tăiat
- 1/4 cană ardei gras roșu tăiat cubulețe
- 1/4 cană măsline negre tăiate cu sâmburi tăiate uscat
- 3 linguri ulei de masline
- 2 linguri de frunze de pătrunjel proaspăt tocate
- 1 1/2 linguri de suc de lamaie proaspat stors
- 1 lingurita sos iute
- Sare și piper negru proaspăt măcinat

INSTRUCȚIUNI:
a) Într-o cratiță medie, combinați 1/4 de cană de țelină, 1/4 de cană de ceapă, morcov, dafin, vin alb, felii de lămâie, maghiran, cimbru și 1 1/2 cană de apă. Se aduce la fierbere, apoi se reduce focul la fiert timp de 5 minute.
b) Coborâți ușor tonul în lichid și braconați până când este gata, aproximativ 12 până la 15 minute. Scoateți tonul și lăsați-l deoparte să se răcească. Odată răcit, despărțiți-l în fulgi mari.
c) Se strecoară lichidul de gătit printr-o strecurătoare cu plasă fină într-o altă oală. Aruncați solidele. Aduceți lichidul strecurat la fierbere, reducându-l la 1/4 de cană și aproape siropos (10 până la 15 minute). Se ia de pe foc si se lasa sa se raceasca.
d) Într-un castron mare, combinați tonul, 1/4 cană ceapă rămasă, ardei roșu, măsline, ulei de măsline, pătrunjel, suc de lămâie, sos iute și 2 linguri de lichid de gătit redus. Aruncați lichidul de gătit rămas.
e) Se amestecă ușor, dar bine și se condimentează după gust cu sare și piper.
f) Utilizați ca umplutură de sandviș sau ca componentă pentru salată.

67. Salată De Ton Avocado și Ciuperci De Mango

INGREDIENTE:
- conserve de ton Serena (serviția depinde de numărul de persoane)
- Salată verde cu unt
- Ciuperci
- roșii cherry
- Porumb dulce (cutie)
- castravete libanez
- Mango în cutie
- sos franțuzesc

INSTRUCȚIUNI:
a) Spălați toate produsele și tăiați/răpiți salata în bucăți mici.
b) Tăiați celelalte ingrediente după cum doriți.
c) Asamblați salata punând salată verde în bol, adăugând ton uniform, apoi puneți în straturi roșii, ciuperci, castraveți, mango și presărați dressingul peste ea.
d) Nu este nevoie să amestecați sau să amestecați, să serviți sau să mâncați imediat. Bucurați-vă!

68. Salata Greaca De Sfecla Si Cartofi

INGREDIENTE:
- 1/4 cană ulei de salată
- 2 linguri de oțet de vin bun sau un amestec de oțet și suc de lămâie
- 1/4 linguriță de muștar uscat
- Piper proaspăt măcinat
- 4 cesti de cartofi fierti taiati cubulete
- 2 cesti cubulete de sfecla fiarta sau conservata
- 1 ceapă de Bermuda medie, tăiată fin
- 1 lingura capere tocate
- 1/4 cană murătură de mărar tocat
- 1/2 cană măsline coapte, tăiate în bucăți mari
- 1 1/2 cană de mazăre verde, fasole verde sau conserve de ton sau somon fulgi (alegerea dvs.)
- Garnitura (optional): hamsii, masline verzi sau negre, crengute de patrunjel

INSTRUCȚIUNI:
a) Combinați primele patru ingrediente într-un borcan cu capac cu șurub și agitați puternic pentru a omogeniza.
b) Se toarnă peste sfeclă, cartofi, ceapă și mazăre. Se amestecă, se acoperă și se dă la frigider peste noapte.
c) Cu puțin timp înainte de servire, adăugați mazăre, fasole, ton sau somon la alegere.

69. Salată de ton în stil grecesc

INGREDIENTE:
- 1 cană de orzo, nefiert
- 1 (6 1/8) cutie de ton alb solid, scurs și fulgi
- 2 cani de rosii tocate
- 1/2 cană brânză feta mărunțită
- 1/4 cană ceapă mov tocată
- 3 linguri măsline coapte feliate
- 1/2 cană oțet de vin roșu
- 2 linguri de apa
- 2 linguri ulei de masline
- 1 catel de usturoi, tocat
- 1/2 lingurita busuioc uscat
- 1/2 lingurita oregano uscat
- Salata verde (optional)

INSTRUCȚIUNI:
a) Gatiti orzo conform instructiunilor de pe ambalaj; scurgeți, clătiți cu apă rece și scurgeți din nou.
b) Combinați orzo, tonul, roșiile, feta, ceapa și măslinele într-un castron mare. Aruncați ușor.
c) Combinați oțetul, apa, uleiul de măsline, usturoiul, busuiocul și oregano în recipientul unui blender electric. Se acopera si se proceseaza pana se omogenizeaza, apoi se toarna peste amestecul de paste si se amesteca usor.
d) Acoperiți și răciți bine. Serviți pe frunze de salată, dacă doriți.

70.Salată de macaroane în stil hawaian

INGREDIENTE:
- 1 cutie macaroane la alegere
- 6 oua fierte
- 1 morcov ras
- Suplimente suplimentare după dorință (ceapă, măsline, ton, mazăre mini congelată, țelină tocată fin, creveți gătiți de mărimea unei salate)
- Dressing: 1 cană de maioneză sau mai mult, 2 linguri de apă, 1/2 linguriță oțet de orez, sare și piper după gust, 1/2 linguriță praf de curry (opțional), 1/2 linguriță boia (opțional), 2 linguri lapte (opțional) , 1 lingura zahar (optional)

INSTRUCȚIUNI:
a) Gătiți macaroanele conform instrucțiunilor de pe ambalaj, clătiți și răciți.
b) Se toacă ouăle fierte și se adaugă la macaroane. Adăugați morcovul ras și orice suplimente suplimentare.
c) Amestecați toate ingredientele pentru dressing. Ajustați maioneza sau apa după cum este necesar.
d) Amestecați dressingul cu amestecul de macaroane, păstrați-l la rece și serviți.

71.Salată sănătoasă de ton cu broccoli

INGREDIENTE:
- 1 cap de broccoli
- 1 pachet ton
- 1 cutie de năut
- O mână de roșii struguri
- Jumătate de ceapă roșie
- Ulei de masline
- Suc de lămâie
- Sare piper

INSTRUCȚIUNI:
a) Spălați broccoli și tăiați-l în sulițe de dimensiuni mici.
b) Clătiți năutul, scurgeți tonul și tăiați roșiile în jumătate.
c) Tăiați ceapa roșie în bucăți mici.
d) Amestecați toate ingredientele, apoi adăugați ulei de măsline și suc de lămâie pentru a acoperi salata.
e) Se adauga sare/piper dupa gust. Bucurați-vă!

72. Salată mixtă de fasole și ton

INGREDIENTE:
- 1 cutie de fasole Great Northern
- 1 poate tăia fasole verde
- 1 cutie de fasole Garbanzo
- 1 cutie de fasole roșie
- 2 conserve de ton, ambalate in apa, scurse
- 1 ceapa medie dulce, tocata grosier
- 1/2 cană portocală sau ardei galben tocat
- 2/3 cana otet
- 1/2 cană ulei de salată
- 1/4 cană Splenda sau zahăr
- 1 linguriță sămânță de țelină

INSTRUCȚIUNI:

a) Clătiți bine toate fasolea și combinați-le într-un castron mare cu ceapa tocată, tonul și ardeiul tocat.

b) Se amestecă împreună oțetul, uleiul vegetal, zahărul și semințele de țelină. Se toarnă peste legume și se amestecă ușor.

c) Acoperiți și lăsați la frigider timp de opt ore sau peste noapte, amestecând ocazional pentru a se îmbina aromele.

73.Bol italian de salată antipasto

INGREDIENTE:
- 6 uncii inimioare de anghinare
- 8-3/4 uncie cutie de fasole garbanzo, scursă
- 8-3/4 uncie cutie de fasole roșie, scursă
- 6-1/2 uncie cutie de ton aprins în apă, scurs și fulgi
- 1/2 ceapă roșie dulce, feliată subțire
- 3 linguri sos de salată italian
- 1/2 cană țelină, feliată subțire
- 6 cani de salata verde mixta
- 2 uncii hamsii, scurse
- 3 uncii de salam uscat, tăiat în fâșii subțiri
- 2 uncii brânză Fontina, tăiată în cuburi
- Ardei roșii și verzi murați pentru decor

INSTRUCȚIUNI:
a) Amestecați anghinarea și marinada cu fasole, ton, ceapă și 2 linguri de dressing îmbuteliat.
b) Acoperiți și lăsați la frigider pentru 1 oră sau mai mult pentru a amesteca aromele.
c) Într-un castron mare de salată, combinați ușor amestecul marinat cu țelina și verdeața de salată.
d) Dacă este necesar, amestecați puțin mai mult dressing îmbuteliat.
e) Deasupra se aranjează anșoa, salamul și brânză, apoi se ornează cu ardei. Serviți imediat.

74. Salată japoneză Harusum de ton

INGREDIENTE:
- 50 g taitei Harusume (fidei cu fir de fasole/vermicelli de sticla sau vermicelli de orez)
- 1 Ton mic conservat
- 1/2 castravete mic (felii subțiri)
- 1 linguriță ghimbir murat japonez (opțional)
- Fâșii de alge marine (opțional)
- Ceapa primavara/ceapa verde/ceapa verde (optional)
- Seminte de susan (optional)
- Sos: 1 linguriță ulei de susan, 2 lingurițe sos ușor de soia/tamari, 1 linguriță mirin, sare după gust

INSTRUCȚIUNI:
a) Înmuiați fidea în apă fiartă sau apă fierbinte până când devin translucide (3-4 minute sau 15 minute).
b) Se presară sare peste feliile de castraveți și se pune deoparte.
c) Clătiți tăițeii sub apă rece și scurgeți. Întindeți conserva de ton peste tăiței.
d) Adăugați felii de castraveți (și ghimbir murat dacă doriți).
e) Se toarnă sosul peste tăiței, se condimentează cu sare și piper și se amestecă până când sunt bine acoperite.
f) Ornați cu fâșii de alge marine, ceapă primăvară feliată și semințe de susan.
g) Serviți imediat.

75. Salată nicoză de ton și hamsii

INGREDIENTE:
- 8 cartofi roșii mici (fierți)
- 2 lb fasole verde (albită)
- 10 roșii cherry ovale
- 1 ceapă mov mică (tăiată subțire)
- 1/2 cană măsline (sâmbure)
- 6 oua fierte tari (sferturi)
- 2 cutii de 12 oz ton alb (ambalate în ulei)
- 2 oz fileuri de hamsii (optional)
- Sos: 1 lingură muștar de Dijon, 4 linguri oțet de vin roșu, 1/2 cană ulei de măsline, 1 linguriță zahăr, 1/2 linguriță sare, 1/2 linguriță piper, 1/4 cană pătrunjel plat tocat mărunt

INSTRUCȚIUNI:
a) Fierbeți cartofii, tăiați-i în sferturi când se răcesc. Se fierbe și se înfrânează ouăle. Albește fasolea și se răcește.
b) Se bate muștarul și oțetul până la omogenizare. Adăugați ulei de măsline într-un flux lent, amestecând până se îngroașă. Adăugați zahăr, sare, piper și pătrunjelul tocat.
c) Se amestecă salata, se toarnă cea mai mare parte din dressing, se aranjează ouăle în jurul vasului, tonul în centru și se stropește dressingul rămas peste ton și ouă.

76. Resturi de salată Mac la prânz cu ton

INGREDIENTE:
- 1 litru de salată de macaroane rămase (înlăturați orice salată verde)
- 1 conserve de ton
- 1 cană apă
- 1/2 pachet de branza pudra
- Piper
- Sare condimentată

INSTRUCȚIUNI:
a) Fierbe apa.
b) Adăugați tonul.
c) Adăugați salata de macaroane și amestecați bine. Se aduce înapoi la fierbere.
d) Adăugați 1/2 pachet de brânză.
e) Se condimentează cu piper și sare după gust.
f) Bucurați-vă!

77.Salată cu ou fiert și ton

INGREDIENTE:
- 2 pachete de ton
- 2 oua fierte tari
- 3 linguri de maia
- 1/2 lingura sos ranch
- 1/2 linguriță dip cu chips de ceapă franțuzească
- 1/2 lingura de condiment (tocat)
- O strop de slănină
- Un strop de usturoi pudră
- Un strop de condiment cajun
- Strop de piper

INSTRUCȚIUNI:
a) Se amestecă toate ingredientele într-un bol.
b) Răciți timp de 30 de minute pentru cea mai bună aromă și consistență.
c) Savurați singur sau pe pâine prăjită.

78.Salată antipasto cu ton mediteranean

INGREDIENTE:
- 1 cutie de fasole (năut, mazăre cu ochi negri sau fasole cannellini), clătită
- 2 cutii sau pachete de ton ușor umplute cu apă, scurs și fulgi
- 1 ardei gras rosu mare, taiat marunt
- 1/2 cana ceapa rosie tocata marunt
- 1/2 cana patrunjel proaspat tocat, impartit
- 4 lingurițe capere, clătite
- 1 1/2 linguriță de rozmarin proaspăt tocat mărunt
- 1/2 cană suc de lămâie, împărțit
- 4 linguri ulei de măsline extravirgin, împărțit
- Piper proaspăt măcinat după gust
- 1/4 lingurita sare
- 8 căni de verdeață de salată mixtă

INSTRUCȚIUNI:
a) Combinați fasolea, tonul, ardeiul gras, ceapa, pătrunjelul, caperele, rozmarinul, 1/4 cană suc de lămâie și 2 linguri de ulei într-un castron mediu.
b) Asezonați cu piper.
c) Combinați restul de 1/4 cană de suc de lămâie, 2 linguri de ulei și sare într-un castron mare.
d) Adăugați salată verde; arunca pentru a acoperi.
e) Împărțiți verdeața în 4 farfurii și acoperiți fiecare cu salată de ton.

79. Salată de ton mediteranean

INGREDIENTE:
- Ton italian ambalat în ulei de măsline (cumpărați vrac de la Costco)
- Cam o cană de orz (deja gătit)
- Roșii struguri (tocate)
- Capere
- Măsline negre și ridate (sâmbure și tăiate grosier)
- Pui de rucola
- Suc de lămâie
- Ulei de măsline extra virgin
- Sare
- Piper negru proaspăt spart

INSTRUCȚIUNI:
a) Se amestecă toate ingredientele într-un bol și se amestecă ușor.
b) Adaugă cât de mult sau cât de puțin vrei din fiecare, în funcție de preferințele personale.
c) Serviți cu câteva bucăți de pâine crocantă din grâu integral.

80. Salată nicoise încărcată

INGREDIENTE:
- 1 cap de salata romana, rupta in bucatele mici
- 1 cap de salată verde Boston sau Bibb
- 2 sau 3 conserve de ton, scurse
- 1 conserve de inimioare de anghinare, scurse
- 1 cană de roșii struguri
- 6-8 cepe verde, curatate
- 6-8 cartofi roșii noi mici, aburiți, lăsați în coajă
- 1 conserve de fileuri de hamsii, inmuiate in lapte, uscate
- 3/4 lb de fasole verde proaspătă, albită
- 4 ouă fierte tari, tăiate în sferturi
- 2 salote, tocate
- 1 cățel de usturoi, zdrobit
- 1,5 lingurita de sare
- Piper negru crăpat proaspăt
- 2 linguri de muștar de Dijon
- 1/3 cană de oțet de vin roșu
- 2/3 cană ulei de măsline extravirgin blând
- 3 linguri de capere, scurse de apă (rezervate ca garnitură)

INSTRUCȚIUNI:
a) Pregătiți salata conform instrucțiunilor, asigurând fasole crocantă și cartofi fragezi.
b) Preparați sosul pentru salată amestecând eșapa, usturoi, muștar, sare și piper cu oțet.
c) Adăugați ulei încet în timp ce amestecați.
d) Aruncați cartofii fierți încălziți cu 2 linguri de dressing pregătit.
e) Aruncați fasolea verde cu o lingură mică de dressing.
f) Asamblați salata, aranjați salata verde, tonul, ouăle și multe altele. Stropiți cu dressing.
g) Se ornează cu capere. Serviți cu dressingul rămas în lateral.

81.Salată de ton cu mere, afine și ou

INGREDIENTE:
- 2 conserve mici de ton gros în apă
- 3 ouă mari
- 1 ceapă galbenă mică sau 1/2 mare
- 2 linguri de gust dulce foarte plin
- 1 măr mic Granny Smith
- 3 linguri de afine uscate
- 3 linguri de maioneza
- 1 lingura de mustar picant sau maro
- Sare si piper dupa gust
- 1 lingura suc de lamaie
- 1 lingurita fulgi de patrunjel
- 1/4 lingurita boia

INSTRUCȚIUNI:
a) Se fierb ouăle timp de 10 minute; se răcește, se curăță și se cubulețe.
b) Scurgeți apa de ton.
c) Aruncă tonul într-un castron și descompune-l cu o lingură de lemn, creând bucăți mari.
d) Marele se curata de coaja si miezul, se rade pe razatoarea grosiera si se adauga in bol.
e) Tăiați mărunt ceapa și adăugați-o în bol.
f) Adăugați ingredientele rămase și amestecați ușor, având grijă să nu le zdrobiți.
g) Se lasa sa stea 10-15 minute la frigider.
h) Se serveste cu paine proaspata sau pe o frunza de salata verde.

82.Salată De Paste Cu Ton și Roșii La grătar

INGREDIENTE:
- 8 roșii prune, aproximativ 1 1/4 lb. total, tăiate la jumătate pe lungime
- 2 linguri. plus 1/2 cană ulei de măsline
- Sare si piper proaspat macinat, dupa gust
- 1 lb. coji de paste
- 2 lb. file de ton, fiecare cu grosimea de aproximativ 3/4 inch
- 1 cană de frunze de busuioc proaspăt impachetate
- 3 linguri. otet de vin rosu
- 1 lb. brânză mozzarella proaspătă, tăiată mărunt
- 1/4 cană pătrunjel proaspăt cu frunze plate tocat

INSTRUCȚIUNI:

a) Preîncălziți cuptorul la 450°F. Pregătiți un foc fierbinte într-un grătar.
b) Așezați roșiile pe o foaie de copt și amestecați cu 1 lingură. a uleiului de măsline. Aranjați-le, tăiate în sus, pe foaie și asezonați cu sare. Se prăjește până se înmoaie, aproximativ 20 de minute. Se lasa sa se raceasca, apoi se taie in jumatate transversal.
c) Între timp, aduceți o oală mare cu trei sferturi cu apă cu sare la fiert la foc mare. Adăugați pastele și gătiți până când sunt al dente (îndrumate, dar tari la mușcătură), aproximativ 10 minute. Scurgeți, clătiți sub jet de apă rece și scurgeți din nou. Pus deoparte.
d) Ungeți ambele părți ale fileurilor de ton cu 1 lingură. a uleiului. Se condimentează bine cu sare și piper. Puneți pe grătar la 4 până la 6 inci deasupra focului și grătar până se rumenește ușor, aproximativ 3 minute. Întoarceți și gătiți încă 3 până la 4 minute pentru mediu sau până când este gata după bunul plac. Transferați pe o masă de tăiat, lăsați să se răcească și tăiați în cuburi de 3/4 inci.
e) Într-un robot de bucătărie sau blender, combinați frunzele de busuioc și 1/2 cană de ulei rămasă. Pulsați sau amestecați până când se tocă până la un piure grosier. Se adauga otetul si se condimenteaza cu sare si piper. Pulsați sau amestecați până se combină.
f) Într-un castron mare, combinați pastele, roșiile și orice suc acumulat, ton, mozzarella, pătrunjel și sos de busuioc.
g) Se amestecă ușor și se servește. Porți 8.

83.Salată Penne cu trei ierburi, capere şi ton

INGREDIENTE:
- Cutie de 6 uncii ton umplut cu ulei de măsline, scurs
- 1-1/2 lingurite sare
- 1/2 kilogram de paste penne
- 2 linguri suc proaspăt de lămâie
- 2 linguri ulei de masline extravirgin
- 1/2 lingurita piper proaspat macinat
- 1/4 cană pătrunjel proaspăt cu frunze plate tocat
- 1/4 cană busuioc proaspăt tocat
- 1/4 cană coriandru proaspăt tocat
- 2 lingurițe de capere, clătite și scurse

INSTRUCȚIUNI:
a) Pune tonul într-un castron mic, se rupe în fulgi folosind o furculiță și se lasă deoparte.
b) Se încălzește o oală mare umplută cu apă la fiert.
c) Adăugați penne și 1 linguriță de sare, apoi gătiți până al dente, aproximativ 12 minute. Scurgeți și transferați într-un castron mare de servire.
d) Adăugați sucul de lămâie, uleiul de măsline, restul de sare și piper, apoi amestecați pentru a se acoperi.
e) Adăugați tonul, pătrunjelul, busuiocul, coriandru și caperele, apoi amestecați ușor.
f) Gustați și ajustați condimentele, apoi acoperiți și dați la frigider pentru a se răci aproximativ 1 oră.
g) Se serveste la temperatura camerei.

84.Salată de fasole, orez brun și ton

INGREDIENTE:
- 1 cutie de fasole roșie
- 1 conserve de fasole cannellini
- 1 cutie de ton bun plin de apă
- 1 1/2 cani sau cam asa ceva fiert al dente orez brun, racit
- Suc de o jumătate de lămâie mare
- 2 linguri busuioc proaspăt tocat
- Sare si piper dupa gust

INSTRUCȚIUNI:
a) Scurgeți și clătiți fasolea, amestecați cu tonul scurs într-un castron mediu.
b) Adăugați orezul fiert.
c) Într-un vas mic, amestecați sucul de lămâie, busuioc, sare și piper.
d) Stropiți și amestecați pentru a acoperi – nu zdrobiți fasolea!
e) Și ai terminat, prietene.

85.Salata De Cartofi Cu Ton

INGREDIENTE:
- 5-6 cartofi
- 1 conserve de ton
- 1 cană maioneză
- 1 lingura ulei de masline
- 2 linguri de ceapa primavara si patrunjel tocate marunt
- Suc de lamaie (optional)
- Sare si piper negru dupa gust

INSTRUCȚIUNI:
a) Clătiți cartofii și gătiți-i în apă și sare.
b) Curățați cartofii fierți și tăiați-i în bucăți mici.
c) Pune cartofii intr-un bol si adauga tonul scurs anterior.
d) Adaugati maioneza, uleiul, ceapa, patrunjelul, zeama de lamaie, sare si piper dupa gust.
e) Se amestecă bine toate ingredientele, se acoperă vasul cu folie de plastic și se ține la frigider până la servire.

86.Salată de ton de modă veche

INGREDIENTE:
- 1 cutie de 12 oz bucăți de ton ușor; răcit, bine scurs
- 1/4 cană țelină tăiată mărunt
- 2 linguri de ceață tocată mărunt
- 1 lingura ceapa taiata marunt
- 2 linguri muraturi de paine si unt taiate marunt
- 1 lingură corniși dulci tăiați mărunt
- 1 ou fiert tare tocat fin
- 3 linguri maioneza
- 1/3 lingurita mustar macinat grosier
- 1 lingură suc de murături de pâine și unt
- 1 lingurita suc proaspat de lamaie
- 1/4 lingurita sare de telina
- 1/8 linguriță piper negru proaspăt măcinat
- 1/8 lingurita frunze de cimbru uscat

INSTRUCȚIUNI:

a) Scurgeți bine și fulgi orice bucăți din ton.

b) Tăiați cubulețe și combinați țelina, ceapa, ceapa, murăturile de pâine și unt și cornișii dulci până se amestecă bine.

c) Se amestecă amestecul de legume cu fulgi de ton.

d) Adăugați oul fiert tare tăiat cubulețe și amestecați până când toți aditivii sunt distribuiti uniform.

e) Combinați toate ingredientele rămase pentru dressing într-un castron. Gustați și ajustați condimentele.

f) Îndoiți ușor dressingul în ton până când salata este bine amestecată și omogenă.

g) Se da la frigider acoperit ermetic pana este gata de utilizare in salate sau sandviciuri.

87. Salată de orez risotto cu anghinare, mazăre și ton

INGREDIENTE:
- 1 cană de orez DeLallo Arborio
- 1 conserve (5,6 uncii) Ton italian importat ambalat în ulei de măsline, rezervați uleiul
- 1 borcan (12 uncii) de inimioare de anghinare marinate DeLallo, tăiate în sferturi (rezervați lichidul)
- 6 uncii de mazăre verde congelată, dezghețată
- Zest de 1 lămâie
- 2 linguri busuioc tocat
- Sare si piper

INSTRUCȚIUNI:
a) Aduceți o oală mare cu apă cu sare la fiert, apoi adăugați risotto. Amestecați și gătiți orezul pentru o textură al dente, aproximativ 12 minute.
b) Scurgeți orezul într-o strecurătoare și clătiți cu apă rece pentru a îndepărta excesul de amidon. Se scurge foarte bine si se da deoparte la racit.
c) După ce s-a răcit, pune risotto-ul într-un castron mare. Se amestecă tonul, anghinarea și mazărea. Asigurați-vă că adăugați uleiul din ton și marinada de la anghinare pentru a crea dressingul.
d) Amestecați coaja de lămâie și busuioc proaspăt. Sare si piper dupa gust.
e) Se serveste rece.

88.Salată de ton dulce cu nuci

INGREDIENTE:
- 2 linguri de nuci pecan, nuci sau migdale tocate
- 10 struguri roșii fără semințe, tăiați în sferturi
- 2 linguri ceapa rosie taiata cubulete
- 1 conserve de ton
- 1/2 cană Miracle Whip sau maioneză

INSTRUCȚIUNI:
a) Combinați toate ingredientele și bucurați-vă!

89.Salată de ton Mac

INGREDIENTE:
- 7 oz cot mac, fiert, scurs
- 1/2 cana telina tocata
- 1/4 cana ceapa tocata
- 1/4 cană piper verde tocat
- 1-1/2 cani amestecate de mazăre și morcovi congelate, dezghețate
- 1 lingura suc de muraturi de marar
- 1-1/2 lingurite sare
- 1-6-1/2 oz cutie de ton, scurs și fulgi
- 3/4 cană sos de salată în stil sandwich

INSTRUCȚIUNI:
a) Amestecați dressingul în bol, apoi adăugați restul și amestecați.

90.Salată de ton Tangy N Tart

INGREDIENTE:
- 3 uncii de ton ambalat în apă, scurs
- 1 lingură afine uscate îndulcite
- 1/4 coastă de țelină, tocată mărunt
- 2 linguri Miracle Whip fără grăsimi
- 1/2 lingurita piper negru
- 1 lingurita mustar preparat

INSTRUCȚIUNI:
a) Combinați toate ingredientele într-un castron, amestecând până se combină bine.
b) Serviți peste paste, în pita, pe salată sau în wraps!

91. Salată italiană cu ton cu conținut scăzut de grăsimi

INGREDIENTE:
- 1 conserve de 5 oz bucată de ton ușor, scurs
- 1 lingura otet balsamic (ajustati dupa gust)
- 1 lingurita suc proaspat de lamaie
- 1 lingurita coaja de lamaie
- 1 lingura capere
- Sare si piper dupa gust
- 1 cană de salată verde, mărunțită în bucăți mai mici
- 1/2 roșie medie, tăiată în jumătate și feliată
- 1/2 castravete mediu, decojit și feliat și re-făiat în jumătate

INSTRUCȚIUNI:

a) Se amestecă tonul și următoarele cinci ingrediente.
b) Puneti salata de ton peste salata verde, rosii si castraveti.
c) Aruncați ușor toate ingredientele și serviți.

92.Salată de Ton spanac

INGREDIENTE:
- 1 conserve de ton alb
- 1 plic de frunze proaspete de spanac
- 1 conserve de porumb dulce
- Brânză albă (poate fi înlocuită cu cheddar)
- 2 roșii proaspete (sau o tavă cu roșii cherry)
- Ulei de masline
- Oțet
- Sare piper

INSTRUCȚIUNI:
a) Spălați frunzele de spanac și puneți-le într-un castron mare.
b) Adăugați tonul, porumbul dulce (lichid eliminat).
c) Adăugați brânza tăiată cubulețe și roșiile tăiate în sferturi (dacă sunt roșii cherry, tăiați-le în jumătate).
d) Adăugați sare, oțet și ulei de măsline (neapărat în această ordine).
e) Adăugați piper dacă doriți.
f) Se mai pot adauga stafide si avocado, foarte mediteraneene.

93.Salată de paste cu ton și ardei

INGREDIENTE:
- 2 linguri iaurt simplu degresat
- 2 linguri busuioc proaspăt tocat
- 2 linguri de apa
- 1 1/2 linguriță suc de lămâie
- 1 cățel de usturoi, tocat
- Piper proaspăt măcinat (după gust)
- 2/3 cana ardei rosu prajit, tocat si impartit
- 1/2 cana ceapa rosie tocata marunt
- 4 oz bucată de ton ușor în apă, scurs
- 4 oz buchețele de broccoli, fierte la abur până devin crocante și șocate
- 6 uncii penne din grâu integral, gătite și scurse

INSTRUCȚIUNI:
a) Combinați iaurtul, busuiocul, apa, sucul de lămâie, usturoiul, sarea, piperul și restul de 1/3 cană ardei roșu într-un blender, faceți piure până la omogenizare.
b) Într-un castron mare, amestecați ardeii rămași, ceapa, tonul, broccoli și pastele.
c) Adăugați sosul de ardei și amestecați bine pentru a omogeniza. Răciți înainte de servire.

94.Salată de ton și mere

INGREDIENTE:
- Cutie de ton de 6 uncii în apă, bine scurs
- 1 măr Granny Smith mediu, fără miez, decojit și tăiat în bucăți foarte mici
- 1/4 cană gust de murătură cu mărar
- 1/8 lingurita sare
- 8 uncii de iaurt simplu

INSTRUCȚIUNI:
a) Combinați toate ingredientele, apoi lăsați la rece timp de 2 ore.
b) Serviți peste verdeață.

95. Salată de paste cu ton, avocado și 4 fasole

INGREDIENTE:
- Cutie de 400 g ton bucata, scurs
- 300g cutie 4 amestec de fasole, scurs
- 1 roșie medie, tocată
- 1 avocado, fără semințe, curățat de coajă și tăiat cubulețe grosieră
- 100 g paste, nefierte
- 1 ceapa rosie mica, taiata marunt (optional)

INSTRUCȚIUNI:

a) Într-o cratiță, gătiți pastele conform instrucțiunilor de pe pachet până când sunt fragede. Scurge pastele și pune deoparte.

b) Între timp, pregătiți toate legumele, apoi într-un castron mare de salată, combinați bine toate ingredientele și adăugați pastele. Se amestecă.

c) Sarați și piperați salata după bunul plac și serviți cât mai curând posibil.

96.Salată de Ton Orzo

INGREDIENTE:

- 3 cesti supa de pui
- 1 cană de orzo
- 1/4 cană oțet de vin roșu
- Sare si piper dupa gust
- 2 (6 oz) cutii de ton ambalat cu ulei de măsline, scurs și ulei rezervat
- 1 conserve (15 oz) de năut, scurs
- 1 cană de roșii struguri, tăiate în jumătate
- 1 ardei gras galben sau rosu, taiat cubulete
- O jumătate de ceapă roșie, tăiată mărunt
- 1/2 cană busuioc proaspăt, tocat
- 1/2 cană brânză feta mărunțită

INSTRUCȚIUNI:

a) Aduceți bulionul de pui la fiert într-o cratiță și adăugați orzo. Gatiti pana al dente, apoi scurgeti si lasati-l sa se raceasca putin.
b) Într-un castron mare, asezonează oțetul de vin roșu cu sare și piper. Se amestecă până se dizolvă sarea.
c) Se amestecă uleiul rezervat din ton, apoi se adaugă orzoul fiert și se amestecă.
d) Adăugați năutul, roșiile struguri, ardeiul gras, ceapa roșie și busuioc în amestecul de orzo.
e) Rupeți tonul și adăugați-l împreună cu feta mărunțită în salată. Se amestecă ușor pentru a se combina.
f) Serviți salata de ton orzo și luați în considerare adăugarea unui strop ușor de oțet balsamic.

97.Salată De Ton, Roșii și Avocado

INGREDIENTE:
- 2 conserve de ton (6 uncii).
- 1 roșie, fără semințe și tăiată cubulețe
- 2 avocado, 1 cubulete, 1 piure
- 1 catel de usturoi
- 1 lingura otet de vin alb
- O strop de piper cayenne
- Strop de sare
- Strop de piper negru

INSTRUCȚIUNI:
a) Faceți piure un avocado cu usturoi, oțet, cayenne, sare și piper negru.
b) Scurgeți tonul și amestecați-l cu piureul, roșiile tăiate cubulețe și celălalt avocado tăiat cubulețe.

98.Salată Waldorf de ton cu mere

INGREDIENTE:
- 1 conserve (5 oz) de ton alb în apă
- 1/4 para mare (sau mar)
- 1/4 cană (1 oz) nuci tocate, crude (prăjite dacă preferi)
- 1/4 cană ceapă roșie, tăiată cubulețe
- 2 linguri de maioneză cu conținut scăzut de grăsimi
- 1 lingura suc de lamaie
- 2 frunze de salata verde pentru servire

INSTRUCȚIUNI:
a) Scurge tonul.
b) Tăiați ceapa, pera (sau mărul) și nucile.
c) Se amestecă maioneza și sucul de lămâie.
d) Combinați toate ingredientele într-un bol și amestecați bine.
e) Răciți salata înainte de servire și serviți pe o frunză de salată.

99.Salată De Ton și Naut Cu Pesto

INGREDIENTE:
- 2 conserve (15,5 oz fiecare) năut, tocat grosier
- 1 borcan (12 oz) ardei roșii prăjiți, scurși și tăiați subțiri
- 24 de măsline negre, fără sâmburi și tăiate grosier
- 2 tulpini de telina, feliate groase
- 3 conserve (6 oz fiecare) ton, scurs
- 5 linguri de pesto din magazin
- 1/2 linguriță sare kosher
- 1/4 lingurita piper negru

INSTRUCȚIUNI:
a) Într-un castron mare, combinați năut, ardei roșu, măsline, țelină, ton, pesto, sare și piper negru.
b) Se amestecă ingredientele. Asta este!

100.Salata de Ton Ziti

INGREDIENTE:
- 3/4 lb ziti sau alte paste
- 1 conserve de ton, scurs și pasat
- Măsline verzi și negre, după gust
- 1 ardei gras rosu, tocat
- 4 linguri ulei de masline
- 1 lingura otet alb
- 2 ouă fierte tari, tăiate în sferturi
- 1 roșie mare, feliată

INSTRUCȚIUNI:
a) Gătiți pastele, scurgeți și răciți.
b) Se amestecă tonul, măslinele și ardeiul roșu.
c) Se amestecă pastele și se adaugă ulei și oțet.
d) Se pune pe un platou cu ouăle și roșiile.

CONCLUZIE

Pe măsură ce încheiem călătoria noastră aromată prin „CEL MAI BUN SALATE DE TON", sperăm că ați experimentat bucuria de a transforma un fel de mâncare simplu într-o capodopera culinară. Fiecare rețetă din aceste pagini este o sărbătoare a versatilității, creativității și delicioasei care pot fi obținute cu ton de înaltă calitate și o notă de imaginație culinară.

Indiferent dacă ați savurat creațiile de inspirație mediteraneană, v-ați răsfățat cu aromele Orientului Îndepărtat sau ați îmbrățișat variațiile consistente și pline de proteine, avem încredere că aceste 100 de rețete v-au deschis ochii către lumea posibilităților din domeniul salatei de ton. . Dincolo de ingrediente și tehnici, conceptul de salate de ton ridicate să devină o sursă de inspirație, făcând din bucătăria dvs. un centru de creații inventive și delicioase.

Pe măsură ce continuați să explorați lumea diversă a salatei de ton, „CEL MAI BUN SALATE DE TON" poate fi partenerul dumneavoastră de încredere, ghidându-vă printr-o varietate de opțiuni excepționale care aduc emoție și aromă mesei dumneavoastră. Iată pentru a redefini arta salatei de ton și pentru a vă bucura de 100 de creații excepționale care vă ridică gusturile și experiențele culinare!

www.ingramcontent.com/pod-product-compliance
Lightning Source LLC
Chambersburg PA
CBHW071850110526
44591CB00011B/1368